·民间收藏精品丛书·

古陶瓷精品

Quality of ancient Chinese ceramics

丛书主编：许　明
本分卷主编：余绍尹　郦建国　姜俊杰　姜培育　阚和民

上海社会科学院出版社

古陶瓷精品

丛书顾问：

李辉柄　故宫博物院研究馆员
孙学海　原国家文物鉴定委员会委员
栾秉璈　中国宝玉石协会副会长
朱　震　中国收藏家协会学术研究科学检测实验室主任
朱伯谦　原中国古陶瓷研究会副会长、浙江省文物考古研究所研究员
余家栋　中国古陶瓷研究会副秘书长、江西省文物考古研究所研究员
赵青云　中国古陶瓷学会副秘书长、原河南省文物考古研究所研究员
熊传薪　原湖南省博物馆馆长
蒋文光　原国家博物馆研究员、国家文物鉴定委员会委员
范　勇　四川大学考古系客座教授、四川大学博物馆客座研究员
张山跃　全国高科技投融资委员会副主任
董寓榕　北京中嘉国际拍卖公司总经理

丛书主编：

许　明　上海社会科学院研究员、博士生导师

丛书编委：

郭南凯（上海）	陈立建（北京）	姜培育（江苏）	盘卓祺（广东）
余念忠（上海）	李　华（北京）	吴盐吉（江苏）	幸永乾（广东）
柏　麟（上海）	张兆祥（北京）	阙和民（江苏）	杨宝鼎（湖北）
卢志禹（上海）	张小兵（北京）	王友义（河北）	吕志坚（云南）
刘　明（上海）	余绍尹（浙江）	王连江（河北）	赵根山（云南）
杨荣辉（上海）	陈梅铭（浙江）	纪　宇（山东）	白益荣（台湾）
李嘉乐（上海）	黄　震（浙江）	乔远征（山东）	李伯谚（台湾）
方　鸣（北京）	牛三红（浙江）	李连昌（贵州）	
郦建国（北京）	余　韵（浙江）	李秋秋（贵州）	
徐　强（北京）	姜俊杰（浙江）	潘祖林（贵州）	

本卷编委会：

主　　编：余绍尹　郦建国　姜俊杰　姜培育　阙和民
编　　委：牛三红　柏　麟　吴盐吉　马　英
器物摄影：卢志禹
责任编辑：王炜麦
特邀编辑：张腾腾

本丛书出版得到周超瑛、黄震、霍锦湛、陈焕伦各位先生的资助，特此鸣谢！

前 言 / PREFACE

编者的话

这是一部展示中国民间收藏家风采的文献图册,正是因为这些民间收藏家的不懈努力,我们祖先的宝贵遗产才得以免遭厄运,也得以让世人从另一个层面对我们民间收藏家的工作有了清晰而正确的了解。

器物文明,是传承历史最重要的实证之一,器物以其多样的形体语言,承载着丰富的社会历史信息。翻开人类文明发展的长卷,一章章、一页页无不留下它们的身影和脚步,将波澜壮阔的人类文明历程,以及祖先的喜怒哀乐,淋漓尽致地展现在了我们面前。

古陶瓷是中华民族的伟大发明,更是器物文明的重要组成部分,郭沫若先生用他渊博的知识概括道:"中国古陶瓷的发展历史就是中华民族的发展历史。"这是何等的精辟、准确。从7000多年前的新石器时期的陶器开始,我们的祖先就用他们的智慧和激情,一代代地将中国陶瓷推向华夏文明的高峰,又一代代地传播向世界,直至让世界把陶瓷和中国——"China"永远结合在了一起。

为了更好地传承和发扬中华文明和古陶瓷艺术文化,在上海社会科学院许明研究员的倡导、主持下,在来自全国各地几百位民间收藏家的拥护和支持下,经众多知名专家的鉴证,《中国民间精品丛书·古陶瓷卷》,经历种种坎坷,终于出版了。它的出版,预示着中国古陶瓷的研究、保护开始从高墙深院走出来,从某些固步自封、自以为是的偏见和误导禁锢中挣脱出来,真正走向了社会。

丛书的出版,得到了全国数百位民间收藏家积极支持,他们有的是政府官员,有的是退役将军,有的是事业有成的民营企业家,更多的是热爱古陶瓷艺术的平民百姓。几百位民间收藏家,从他们数十万件的藏品中精心挑选,把自己最好的藏品贡献出来,编委和专家从送来的2000多件藏品中一次次、一道道地经过认真甄别筛选,将最具代表性的100多件藏品挑选出来,又经高科技检测,终于确定了本书所收录这些藏品。这100多件藏品,件件精彩,美仑美奂,有传世官窑精品,更有近二三十年来因大兴土木,翻天覆地的土地开发而出土的珍稀之品，其精美程度，大可与国家博物院、博物馆的瓷器藏品媲美。

本书收录的汉代藏品只有2件，虽距今已有2000多年，但制作之精良，绝非一般。器物线条流畅，造型生动传神。特别是汉代青瓷灯，瓷化程度非常高，叩之音色悦耳，是中国由陶向瓷转化时期的东汉晚期真正意义瓷器的绝好代表作品，即便是在国家级展馆中，也难觅踪迹。

书中收录的唐三彩藏品，件件是稀世之宝。虽是一组瓷雕，然而更是一幅历史画卷，它形象地反映了古代丝绸之路上的开拓者们历经坎坷艰辛，跋山涉水，将中华文明和物产传播到世界各地的艰辛过程。尽管这件作品的作者可能只是无名工匠，但其艺术水平，却绝不亚于知名大家。

书中收录的20多件宋代瓷器，涵盖了官、哥、汝、钧、定等各大名窑，且颇具代表性，得到了国家级鉴定大师赵青云老先生的鉴定认可。元代瓷器一向神妙莫测，被世人误以为"极为稀少"。民间藏家的收藏实践证明：元代制瓷业是中国陶瓷史的一个高峰，使用进口原料，具有水墨画效果的元青花更是人见人爱，而这批国之瑰宝在民间存世远超过全世界的馆藏。明代瓷器，特别是明早期洪武、永乐、宣德、成化等朝的在中国瓷器发展史上占有重要地位，从"大明洪武年制"的青花五彩人物纹大罐，到宣德"大德吉祥场"出戟盖罐，件件精彩。据有关资料称，"大德吉祥场"出戟盖罐，已知的全世界只有两件半，一件收藏在北京故宫博物院，一件收藏在台北故宫博物院，还有一件无罐盖的，由台湾一位著名收藏家收藏。但是，我们民间收藏家却拿出了品相极好，器形完整的"大德吉祥场"出戟盖罐，这非常难得。

明代瓷器收藏中，向来被公私藏家认为空白期的正统、景泰、天顺三朝无官窑，但在本书的藏品征集中，我们的民间藏家却拿出了可以填补这一空白的精品，它们的面世，或许将改写中国陶瓷史。

清代藏品，本书注重收录"康、雍、乾"三朝的珐琅彩精品和传世官窑精品。中国瓷器发展到清代，特别是在"康、雍、乾"三朝，达到了一个新的高峰，代表着清代瓷器生产的最高水平。随着社会稳定，国力增强，手工业也得到较大发展，制瓷业的发展更不例外。加上这三朝皇帝偏爱把玩、收藏瓷器，更刺激了制瓷业的兴旺，专供皇室和达官贵人享用的官窑精品层出不穷，而珐琅彩瓷就是最好的代表性作品。

康熙二十年（1681年），康熙帝任命臧选以工部郎中之职，驻厂督造瓷器，几经努力，终于生产出专供皇室御用的珐琅彩瓷。据清宫档案披露，清三代皇家督造的官窑彩瓷，曾由景德镇御窑厂大量烧造，其中少部分在京城由造办处烧造，除了少数由皇宫挑拣使用外，大部分都被"御准"流向市场，民间留存的清三代官窑彩瓷同样精彩纷呈。

前言 / PREFACE

  为了比较客观地反映民间收藏的情况，本书编委及专家在全国几百位收藏家的藏品中，精心挑选了数件有代表性的清代彩瓷，供大家观赏。它们的精彩程度已远远超越了瓷器本身，有的已完全可以同国家博物馆、院的同类藏品相媲美。还有一部分官窑精品，大多是明清历朝皇帝赏赐给王公大臣、文武百官而流入民间的。一对清雍正款胭脂红珐琅彩雪景纹天球瓶，制作精美，工艺水平十分高超。

  从20世纪80年代后至今，全国展开了大量的基本建设，数万公里高速公路的建设，数千公里高速铁路的建设，全国各大中小城市乡镇无一例外地进行了大面积土地开发，随之而产生的问题就是，大量地下的墓葬文物和窖藏文物被发掘出来。但是这些文物的命运将是如何？文保专家在他的文章里写道："随着文物的经济价值的凸显，不仅文保网络瓦解了，盗挖也像魔鬼一样无所不在。"又因建筑工程都有工期限制，施工方在发现地下遗址和文物后，因停工待考耽误工期产生的经济损失得不到有效补偿，绝大多数采取了消极的处理方式，使这些文物或是受损或是流入了民间。又因文保网络的瓦解，有些专业工作者为图省事，将出土文物草率地判定为仿品、赝品，使大量的文物瑰宝被文物贩子拿去，作为现代工艺品带出了国门，或被不屑一顾地摆在地摊上贱买贱卖。

  从20世纪50年代初期开始，在周恩来总理的关怀下，开展了全国性的文物普查工作，并向民间征集文物，在老一代文物专家的努力下，在广大爱国人士和爱国收藏家的支持和响应下，到"文化大革命"前，北京的故宫博物院接受民间捐赠的文物达数十万件之多，仅已故孙瀛洲老先生一人就向故宫博物院捐赠了两千多件古陶瓷文物。这批数量巨大的民间捐赠文物，有效地填补了故宫博物院因当年国民政府的搬迁而造成的藏品空缺。如今，我们去故宫博物院参观院藏文物，其中很大部分就是在这一时期征集到故宫的。江苏扬州市博物馆在20世纪70年代从民间购得1件蓝釉拨白龙纹梅瓶，后在全国文物普查工作中，被故宫专家冯先铭等鉴定为元代文物，现已被扬州博物馆尊为镇馆之宝。试想，如果仅仅拘泥于出土遗址、生产窑址之类的技术问题而对其加以排斥的话，我们便发现不了深藏民间的国家级陶瓷器，这显然不是一种科学、客观的态度。

  众多事实证明，由于中国近代以来特殊的社会环境，长期以来，除政府的博物院、馆收藏了相当数量的文物精品外，在民间也并非不存在这类器物。但由于近几十年来民间藏品大量涌现，而其来源等基本信息则往往出于这样那样的原因而有所缺失，这样，就使其"真实身份"始终显得扑朔迷离。尤其值得注意的是，民间藏家与业内专家在如何确认这些器物的标准方面，也未能有效地取得一致，在某些问题上的分歧甚至到了水火不相容的程度。如果这一现象不加以改变，不仅有碍于真正有价值的民间藏品"登堂入室"，更会导致大量优秀的民族文化遗产无端流失，乃至损毁。

文物艺术品的鉴定、认证，是一项专业程度极高的工作，来不得半点马虎和闪失，任何凭借个人意志或偏好所做的结论，都可能产生不可估量的后果。以往，业内专家在知识的掌握、器物的辨识方面，具有相当的优势，"一锤定音"的作用也是显而易见的。但时至今日，随着信息渠道的多样化，藏品实物的公开化，"优势"的天平已发生了明显变化。当年的"业余人士"，凭借其多年来孜孜不倦的努力，以及面对大量一手资料而展开的同行间的交流切磋，"积跬步而致千里"，逐渐从"业余"走向"专业"，发展成为一支不可忽视的收藏、研究力量。

可喜的是，众多老一辈的国家级文物专家开始认真对待这一事实，站在了保护民族文化遗产最前列，他们用毕生磨砺的经验和渊博的学识，使一件件、一批批珍贵文物得以"验明正身"，为民间收藏家提供了宝贵的经验和理论。他们是：

故宫博物院古陶瓷专家李辉柄先生；

原国家文物鉴定委员会委员孙学海先生；

古陶瓷研究鉴定专家赵青云先生；

原湖南省博物馆馆长、青铜器鉴定专家熊传薪先生；

陶瓷研究鉴定专家余家栋先生等。

此外，还有一批中青年文博专家、学者、干部，也积极参与了保护文物的工作。这里，尤其要感谢上海市浦东新区南汇博物馆郭南凯先生。郭南凯先生始终如一地支持民间收藏家保护国家文物的爱国行为，为入编本丛书文物的甄选、展览，作出了非同寻常的贡献。

数不清的民间收藏家，是用心在收藏，是用有限的个人财力在做收藏，个中甘苦，外人很难体会，唯有自知而已。正是由于这一群体的崛起，在老一辈专家和中青年文博工作者的支持下，这部丛书才得以编纂出版。这一事实本身，就已经表明了民间收藏力量的不可忽视。

目 录

编者的话／1

一、汉、唐、五代时期／1

　　（一）汉代／3

　　（二）唐、五代／5

二、宋代／13

三、元代器物／25

四、明代洪武、永乐时期／105

　　（一）明·洪武／107

　　（二）明·永乐／111

五、明代宣德时期／119

六、明代景泰、天顺、成化时期／135

　　（一）明·景泰／137

　　（二）明·天顺／138

　　（三）明·成化／140

　　（四）明代无款器物／145

七、清代／147

八、附录／159

　　中国民间收藏家古陶瓷鉴赏……阚和民／161

1

汉、唐、五代时期

汉青瓷灯　尺寸：高35cm　藏家：时伟宣

　　人物刻画精致准确，比例协调，面相俊秀。通观整器，线条优美流畅，胎质细密，叩之音色悦耳，釉面如玉似脂，釉色青亮碧绿，犹如后世的秘色瓷。

　　青釉的应用始于商代，越窑青瓷在汉代已有批量生产。此件人物持灯青瓷说明，汉代越窑青瓷的生产不仅有一定数量，其质地也达到了较高水平。

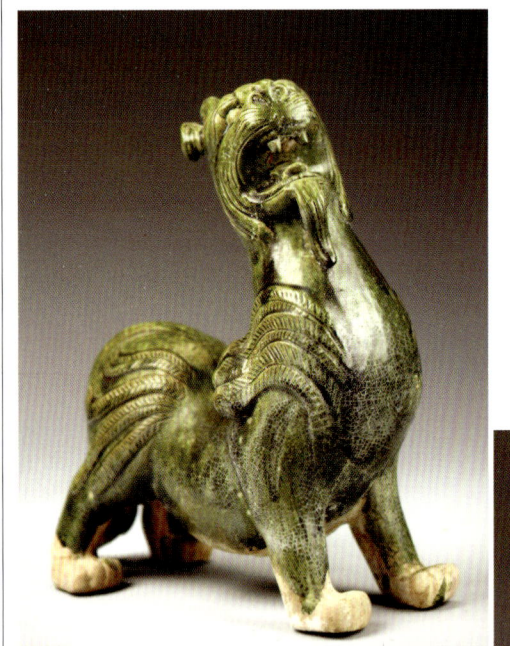

汉绿釉镇墓神兽

尺寸：高30cm　藏家：刘永红

此兽名"天禄"，头有双角，头无角的是"辟邪"，独角的是"麒麟"，三者都是镇墓神兽，辟邪是用于侯王将相镇墓守陵，麒麟和天禄专为帝王镇守陵寝。绿釉创烧于东汉中晚期，此兽浑身披绿，绿色碧翠色感极好。身形凶猛，神态威严，昂首挺胸撅臀，能为帝王镇墓守陵，品级非凡，此天禄神兽年代久远，品相完整，极为珍稀。

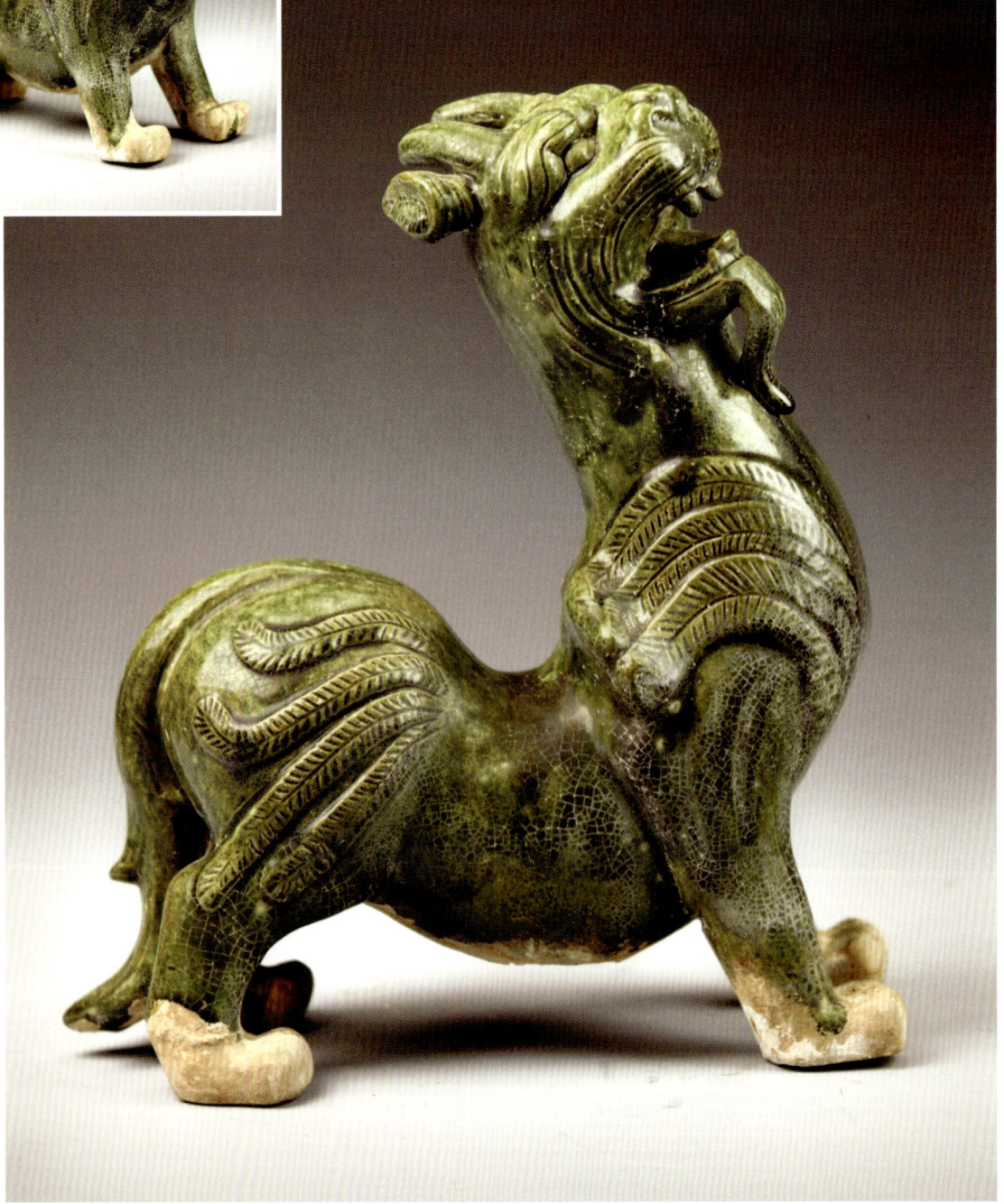

唐越窑青瓷

尺寸：高38cm　藏家：徐关根（浙江）

青釉创于商代，大量生产始于东汉越窑，至唐中晚期是其质和量发展的鼎盛时期，此马双目圆睁，四腿直立，昂首嘶鸣，体态健壮，造型硕美精致，胎质实密，周身施青釉，釉层均匀，浑厚滋润，釉面开细小纹，全身披褂精美整齐，做工刻画形象生动，雕工精良细致。

古陶瓷精品

唐三彩丝绸之路组雕　　尺寸：36×24cm　　藏家：刘永红

　　展现在我们面前的是一组唐三彩雕塑，雕工精湛，人物刻画生动传神，将古丝绸之路的坎坷艰辛，人与骆驼的沧桑感表现得淋漓尽致，此组雕塑已经千年，她是火与石与艺术的完美结晶。

汉、唐、五代时期

唐三彩打马球瓷雕（对）

尺寸：30.2×22.1cm　藏家：刘永红

唐代是中国历史发展中最为鼎盛、富足、生活安定的一个朝代，这对打马球的女娃娃的神态、肢体表现把那个年代人们的思想和情趣逼真生动地表达了出来，两个女娃娃神情专注，执杆欲出，两匹宝马好似明白主人的心意，各不相让地注视着地面的马球。瓷雕虽经千年沧桑，表面已显得斑剥，但作者用意境和形体的表达，还是把我们带入了那个富裕的年代、那场情趣盎然的马球赛。

唐代唐三彩观音座像

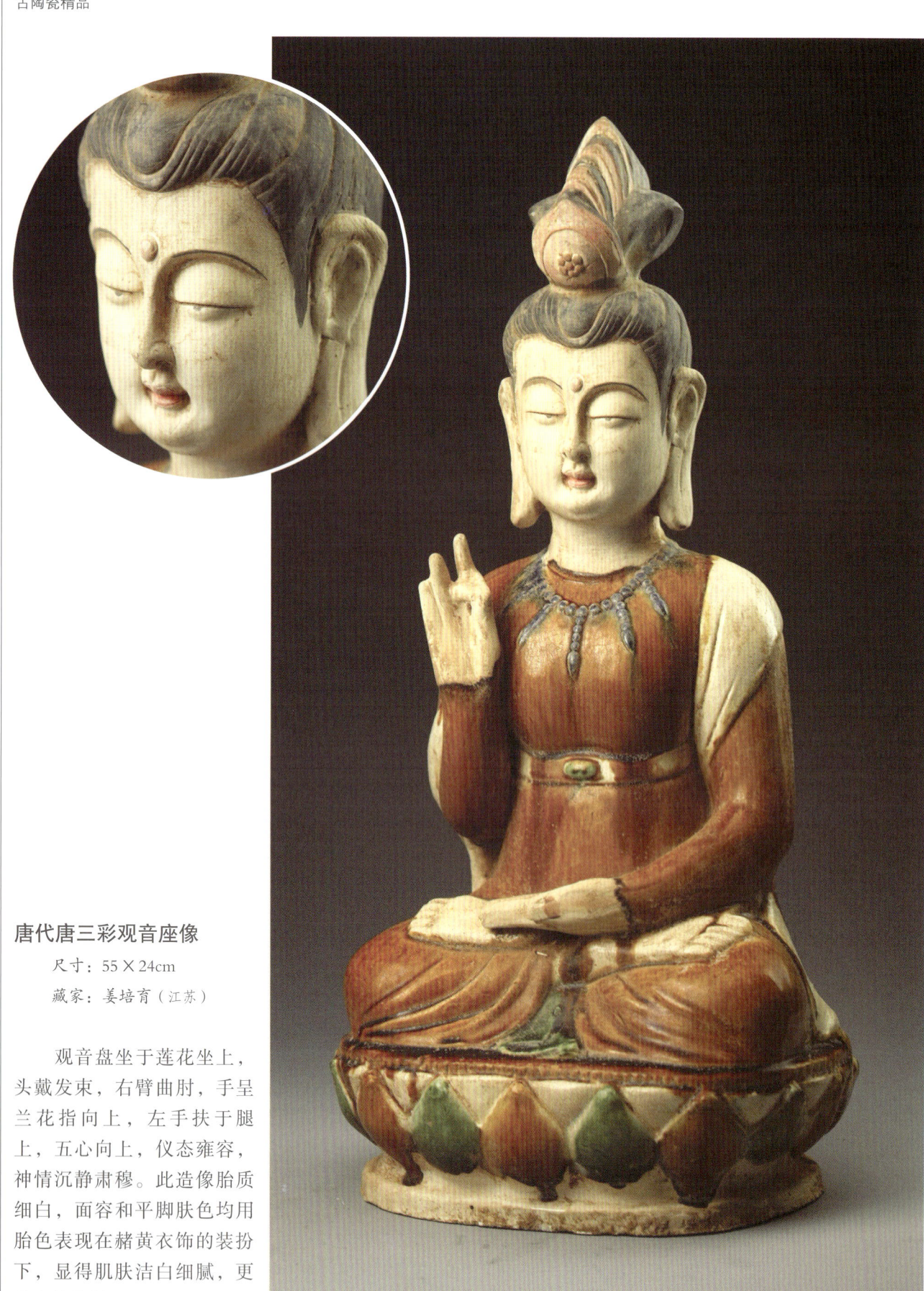

尺寸：55×24cm

藏家：姜培育（江苏）

观音盘坐于莲花坐上，头戴发束，右臂曲肘，手呈兰花指向上，左手扶于腿上，五心向上，仪态雍容，神情沉静肃穆。此造像胎质细白，面容和平脚肤色均用胎色表现在赭黄衣饰的装扮下，显得肌肤洁白细腻，更觉安然慈祥。

汉、唐、五代时期

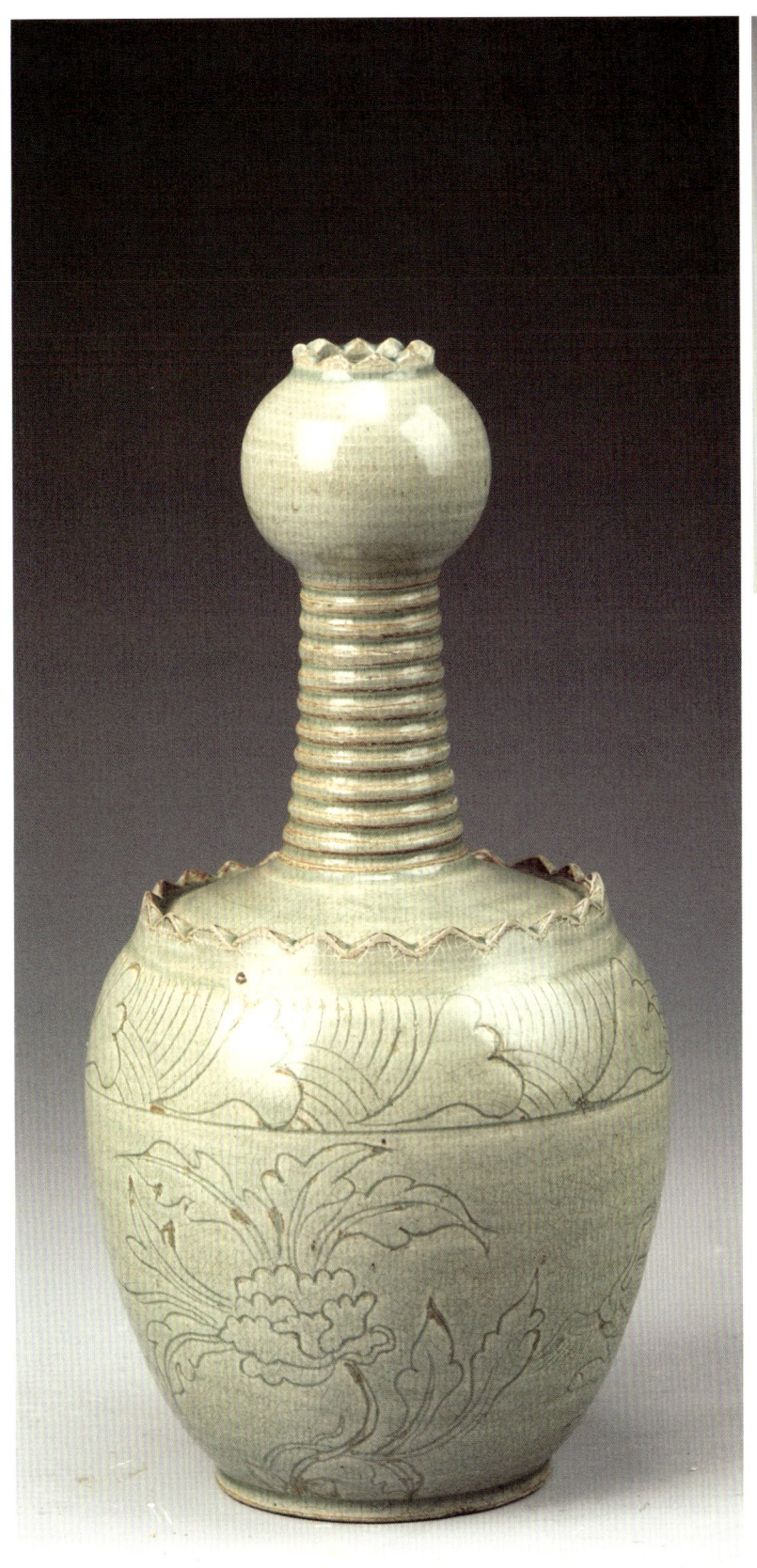

五代越窑秘色蒜头瓶

尺寸：23×13cm　　藏家：郦建国（北京）

此瓶口成蒜头形而因此得名，口、肩各饰菱口一周，细长颈满饰凸箍，圆鼓腹，圈足，胎质优良，釉色碧绿，厚重均匀。器身划花，线条洒脱自如，当可视为五代越窑秘色瓷的上品之作。

唐绞胎休闲马

尺寸：30×21cm　藏家：徐　强（北京）

绞胎创烧于唐代巩县窑，用褐、白两色胎泥绞合制胎成型，是唐代瓷器中的一个品种，因其工艺复杂，烧制的成品少，年代短，流传至今的真品极为稀少。此马体态壮硕，两马成卧姿各异，顽皮活泼，灵气十足，真实感极强。

唐越窑青瓷马

尺寸：高29cm　藏家：陈　明（江苏）

越窑青瓷，青分多色，因青釉含铁，含铁量高则青绿，含铁量低则青中泛黄。此马色泽青中泛黄略灰，四腿直立，体格健壮膘悍，神态写实逼真，釉色肥厚沉稳，披挂精美雄壮，做工讲究，雕工精细。

唐三彩四羊方尊

尺寸：38×15cm　藏家：李崇安（江苏）

此尊方型，直口，圆腹，肩部对称饰装四羊首，颈足成梯形状。此尊仿青铜器形而制，浑厚稳重，气势非凡，极好地发挥了三彩的色泽优势，特别是料蓝彩，纯正亮丽，已非常接近后代的青花发色。

2

宋 代

定窑青花云鹤纹盘口瓶

尺寸：34×9cm

藏家：王友义（河北）

盘口细长颈，圆鼓腹，器型端庄大方，满施牙白釉，釉面光润，胎体结实。白釉的烧制工艺较为复杂，饰以青花纹饰的宋代定窑青花器更是稀有，故弥足珍贵。

定窑青花剔花龙凤纹四系橄榄瓶

尺寸：33×9cm

藏家：王友义（河北）

小唇口，口下四系，器身圆鼓，腹成橄榄型，优美、漂亮，牙黄地饰以青花剔花龙凤纹，很见做功。釉面莹润，青花发色已趋成熟。此器既能实用，又可观赏，在宋定窑青花中十分难得。

宋代

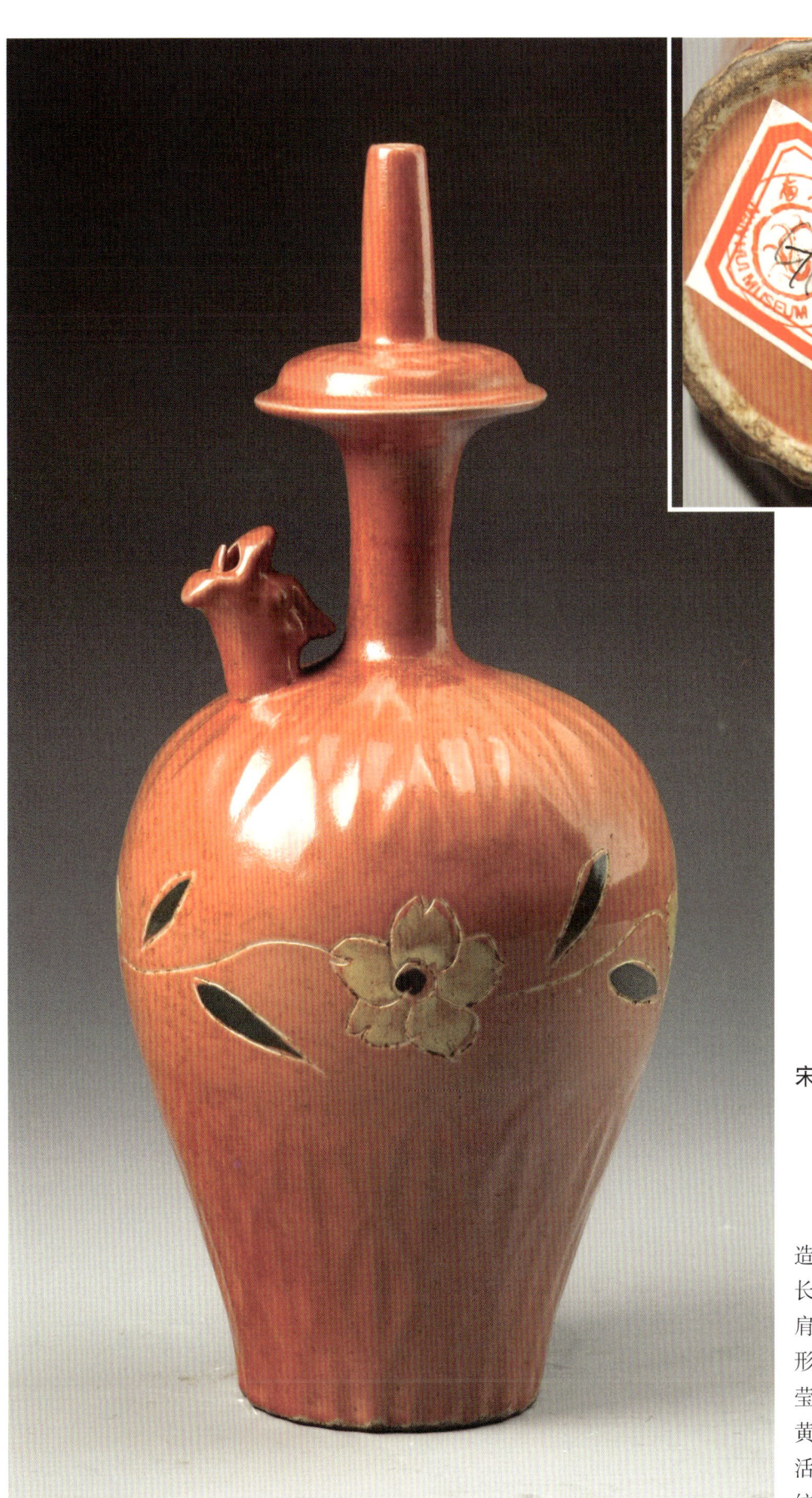

宋红定花卉纹净瓶

尺寸：30.5×14×8cm

藏家：曾建华（江苏）

净瓶为古代佛教用器，造型俊秀、大方、端庄，细长口长颈上装饰一鼓盘，丰肩，束足，肩部装饰有一兽形流。整器满施红釉，釉色莹润，红妍醒目。腹身绘以黄色花卉，绿叶陪衬，顿显活泼耀眼。加之肩部印花叶纹的装饰，更具优雅气质。

南宋官窑"奉华"款贯耳六方瓶

尺寸：21×9cm　藏家：汪国英（浙江）

造型规整、端庄，六方对称，直口下部饰双贯耳，沉稳、凝重、大方。紫口铁足，粉青色釉面肥如堆脂，釉面冰裂开片与铁线交相辉映，美不胜收。底部印有"奉华"款识，或为南宋高宗德春宫配殿"奉华堂"用瓷。

宋哥窑贯耳瓶

尺寸：18×7.3cm

藏家：唐建伟（广东）

长直颈，双贯耳，鼓腹圆器身，造型雍容、雅致，做工用料讲究，胎体结实似铁，釉面肥厚如脂，金丝铁线与大小冰裂开片，交相辉映，米黄釉面油润十足，紫口铁足，哥窑之优点、特点均展现无疑。

北宋汝窑青灰釉花瓶

尺寸：34.5×8.5cm

藏家：苏云柱（天津）

北宋汝窑为宋代五大名窑之一，对所烧器物要求极高，在徽宗赵佶当朝的20多年里被定为官窑御用，仅供宫中享用。此瓶撇口，直颈，长圆身，俊美秀丽，青灰色釉，沉稳雅致，料、工、釉、色，均颇具北宋汝窑的特征。

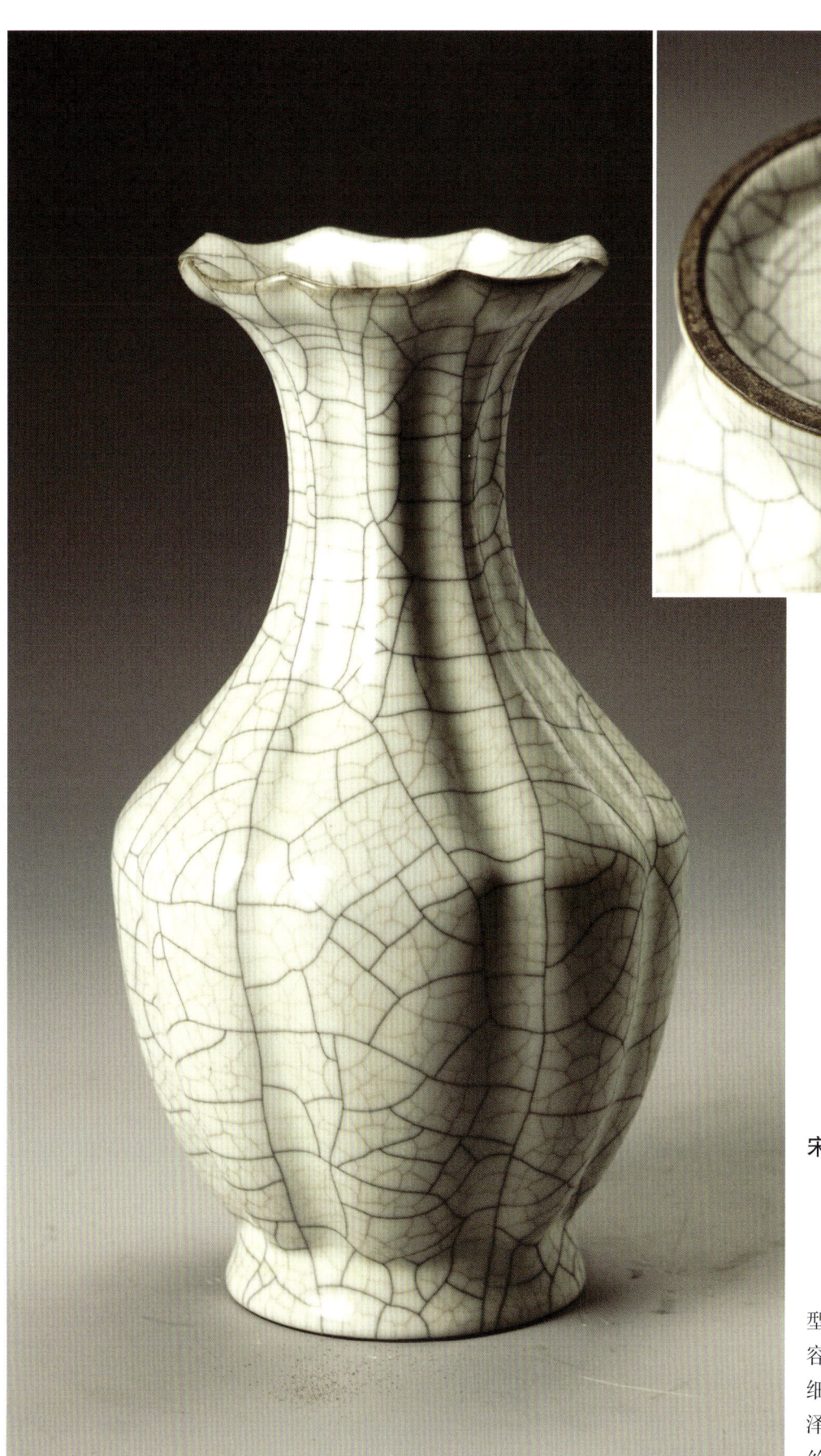

宋哥窑花口瓶

尺寸：27×9.5cm

藏家：吴盐吉（江苏）

花瓣型撇口，弧线型细颈，平肩，器身雍容饱满，制作工整精细，凹凸有致，釉面润泽肥厚，周身开片，金丝铁线醒目。

宋定窑酱釉娃娃枕

尺寸：12×27×12cm　藏家：苏云柱（天津）

此枕娃娃双臂抱于前胸颈下，首部侧抬，两腿弯曲，臀部微翘，人物脸面开相恬静、祥和、可爱，造型丰满，线条流畅，做工精到，胎体密实，酱釉发色纯正，釉面油润肥厚。

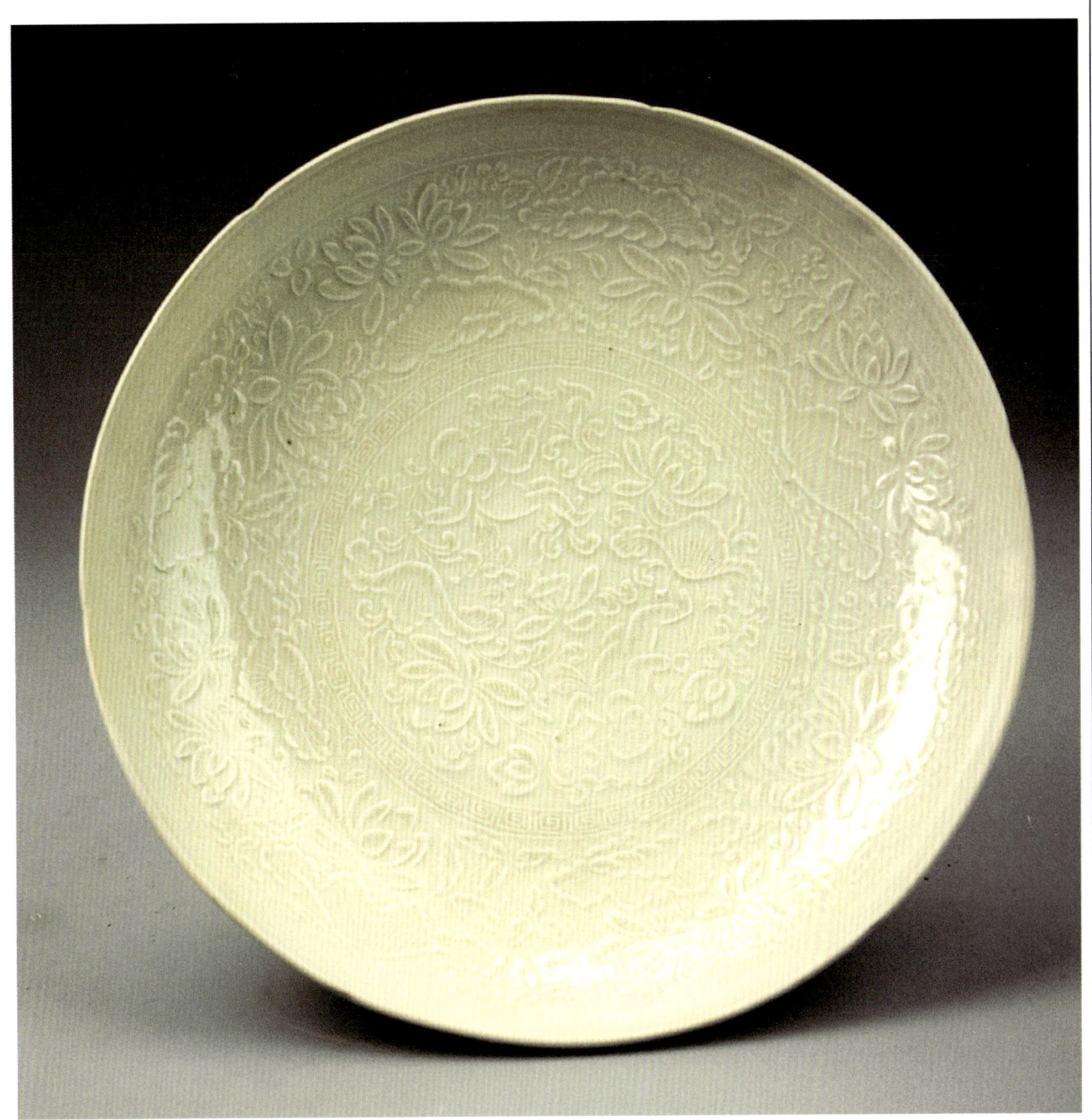

北宋定窑印花盘

尺寸：29.5×6.6cm　　藏家：王　进（江苏）

侈口，浅腹，圈足，制作规整大方。施以青釉，包浆十足。盘壁与盘底印有荷花图案，排列有致，生动精美。盘壁与盘底的荷花图案上下辉映，将该盘的优美之状表现得恰到好处。

宋代 龙泉窑贯耳长颈瓶

藏家：黄 震（绍兴）

此瓶长直颈，口下有贯耳，斜肩，圆身，圆圈足。器型端庄，做工用料讲究，胎体结实，釉面肥厚如脂，色泽莹润，为宋代龙泉瓷的代表之作。

3

元代器物

三、元代器物

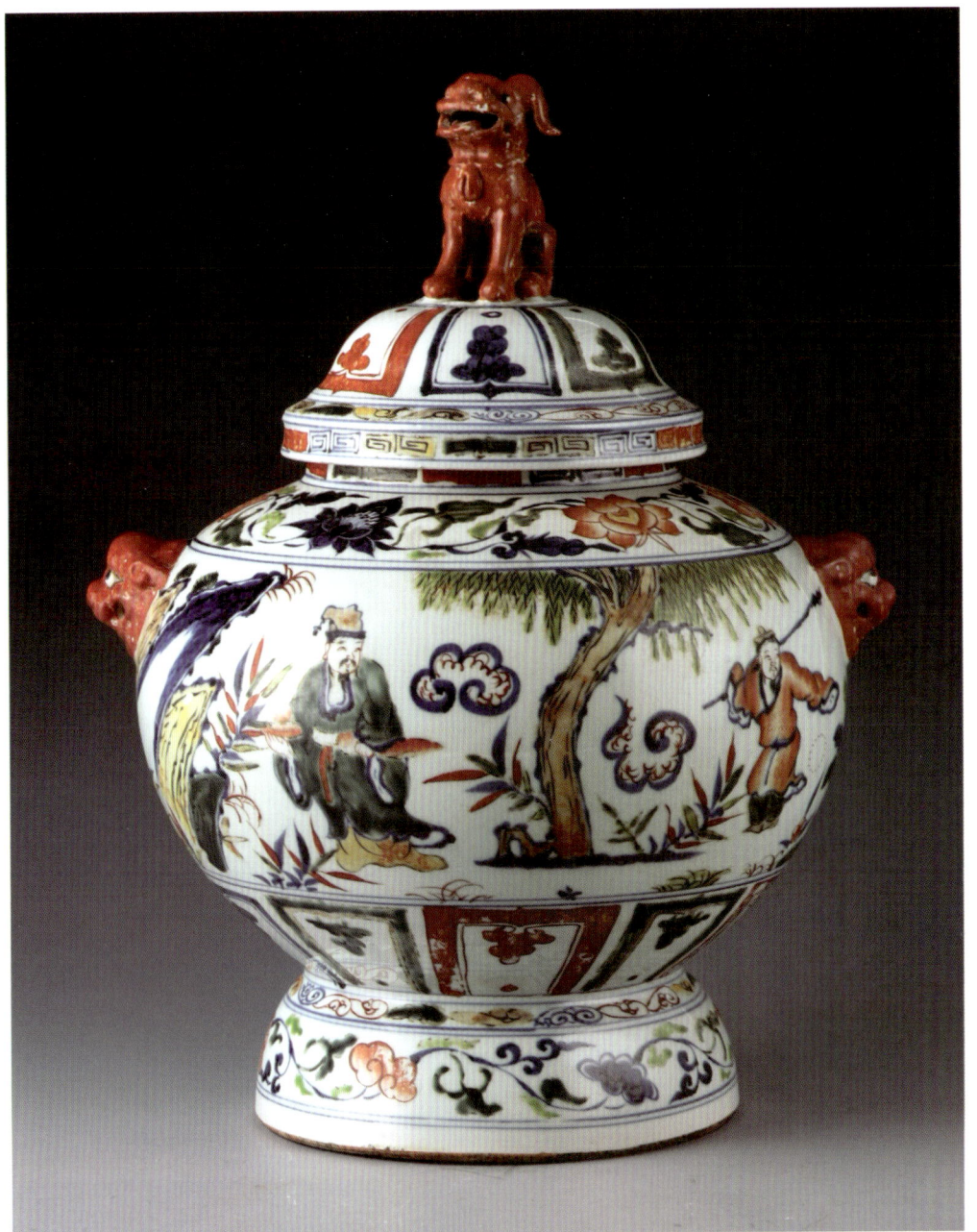

青花五彩人物纹兽耳盖罐

尺寸：口径16cm
高44cm

藏家：陈新华（北京）

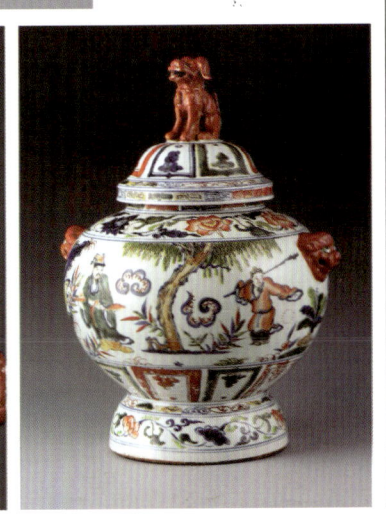

青花麒麟纹象耳瓶

尺寸：口径13.5cm 高50cm
藏家：陈新华

三、元代器物

青花亚夫纹罐

尺寸：口径22cm 高31cm

藏家：金守庚（北京）

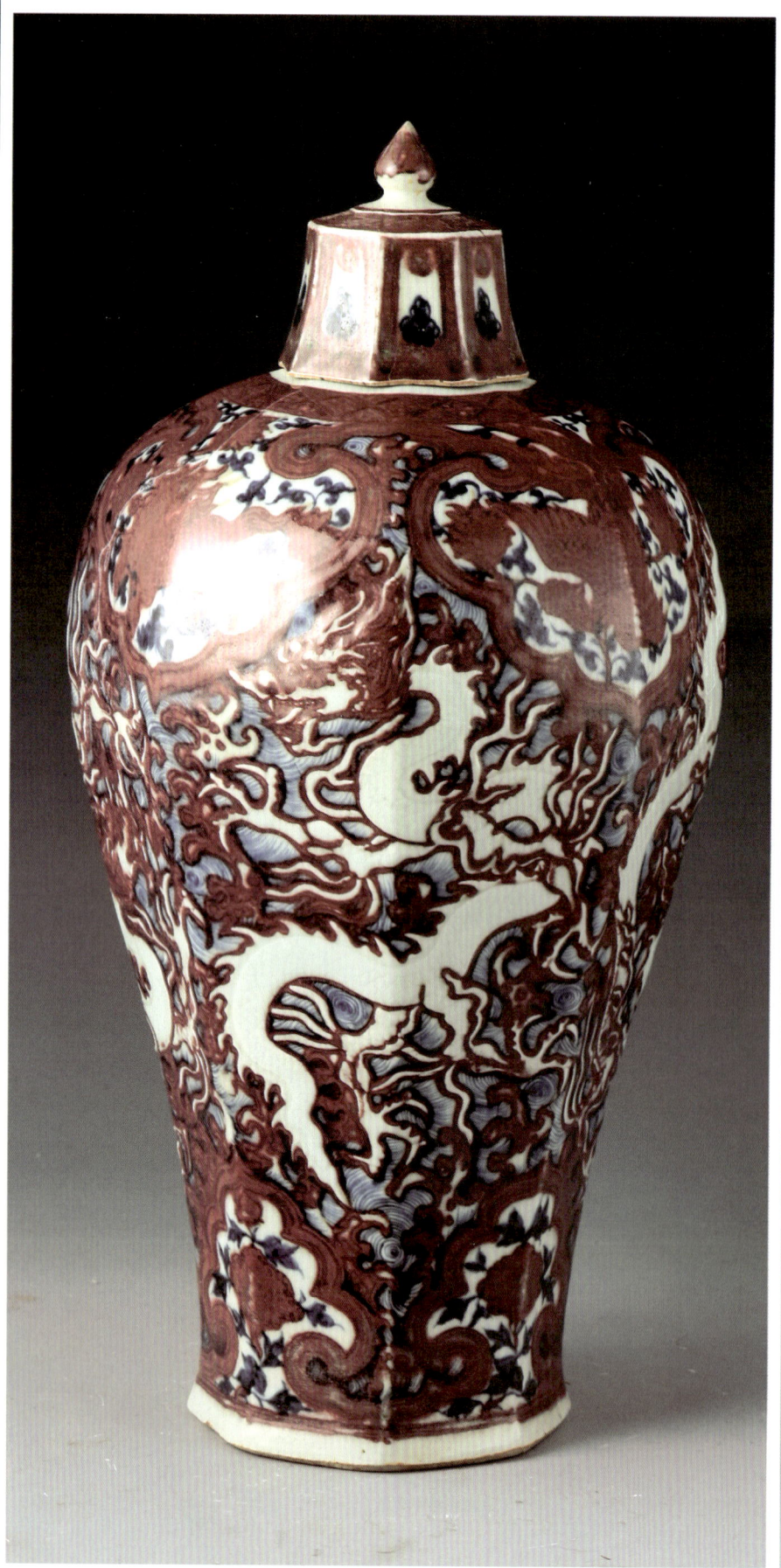

青花釉里红留白龙纹八棱梅瓶

尺寸：口径7cm 高48cm

藏家：张小兵（北京）

三、元代器物

釉里红留白梅瓶
尺寸：口径6cm
　　　高42cm
藏家：张小兵（北京）

青花狮纹荷叶盖罐

尺寸：口径27cm 高50cm

藏家：刘增华（北京）

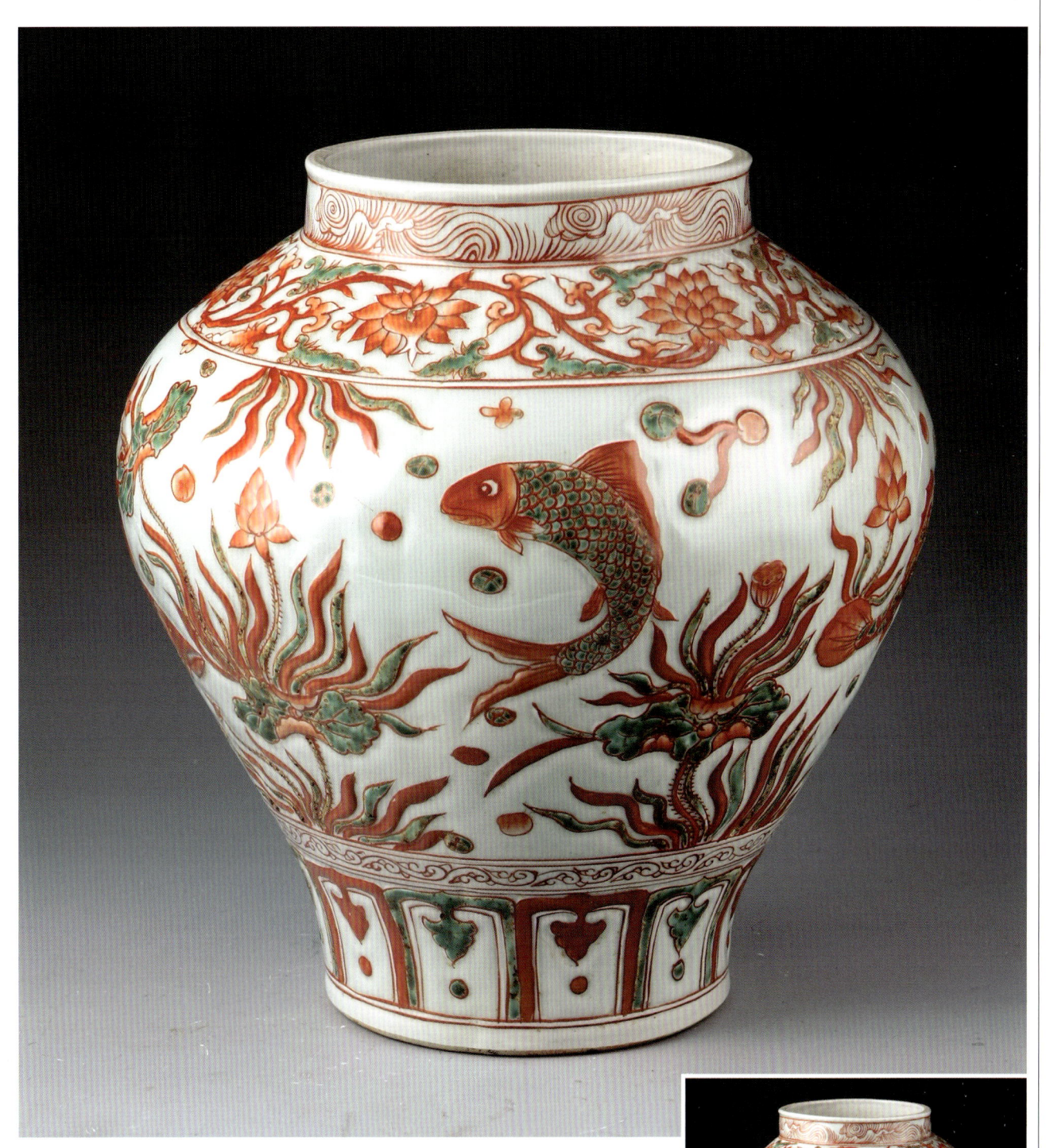

三、元代器物

红绿彩描金鱼藻纹罐

尺寸：口径17.5cm 高35cm

藏家：丁重光（北京）

古陶瓷精品

青花五彩八棱葫芦瓶

尺寸：口径7cm 高55cm

藏家：丁重光（北京）

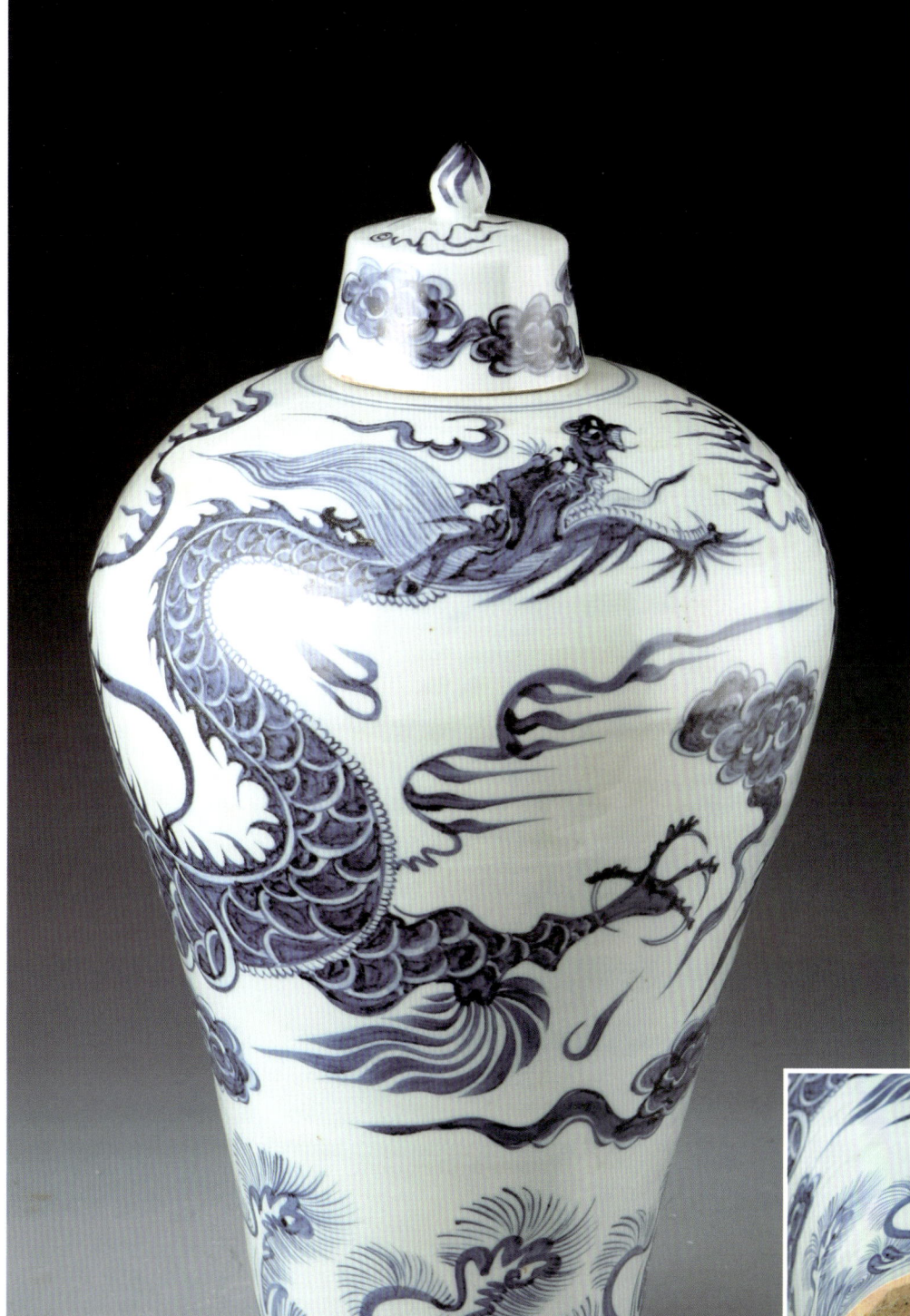

三、元代器物

青花龙纹梅瓶

尺寸：口径7cm 高49cm

藏家：杨 彦（北京）

青花釉里红留白云龙纹罐

尺寸：口径20cm 高28cm

藏家：杨 彦（北京）

三、元代器物

蓝釉珐华亚夫人物纹辅首罐

尺寸：口径14cm 高41cm

藏家：潘庆怀（北京）

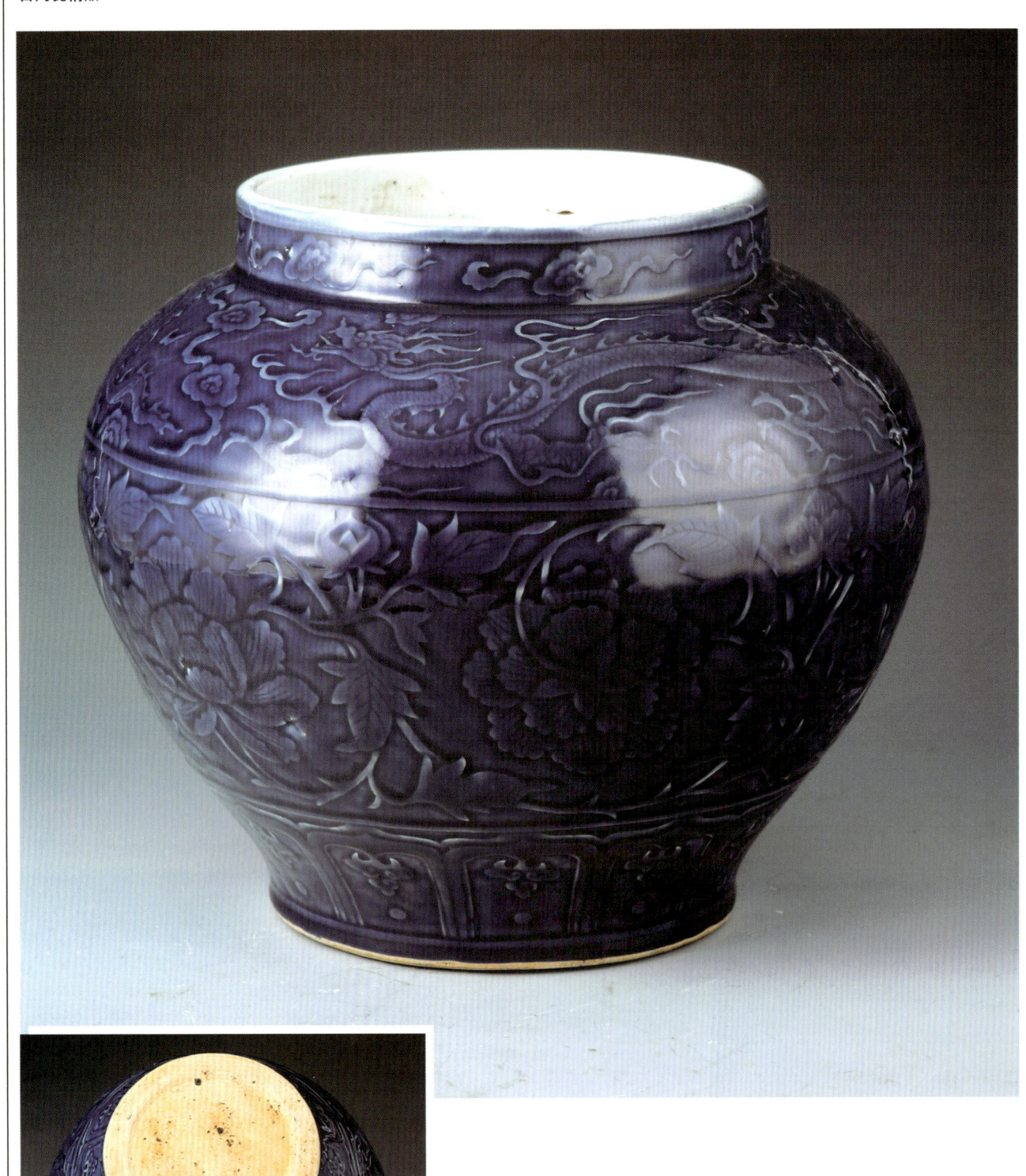

蓝釉浅雕缠枝花纹罐

尺寸：口径20.5cm 高29cm

藏家：潘庆怀（北京）

三、元代器物

青花人物故事纹大罐

尺寸：口径31cm 高43cm

藏家：张兆祥（北京）

青花浅浮雕云龙海水纹葫芦瓶

尺寸：口径8.5cm 高53cm

藏家：张兆祥（北京）

三、元代器物

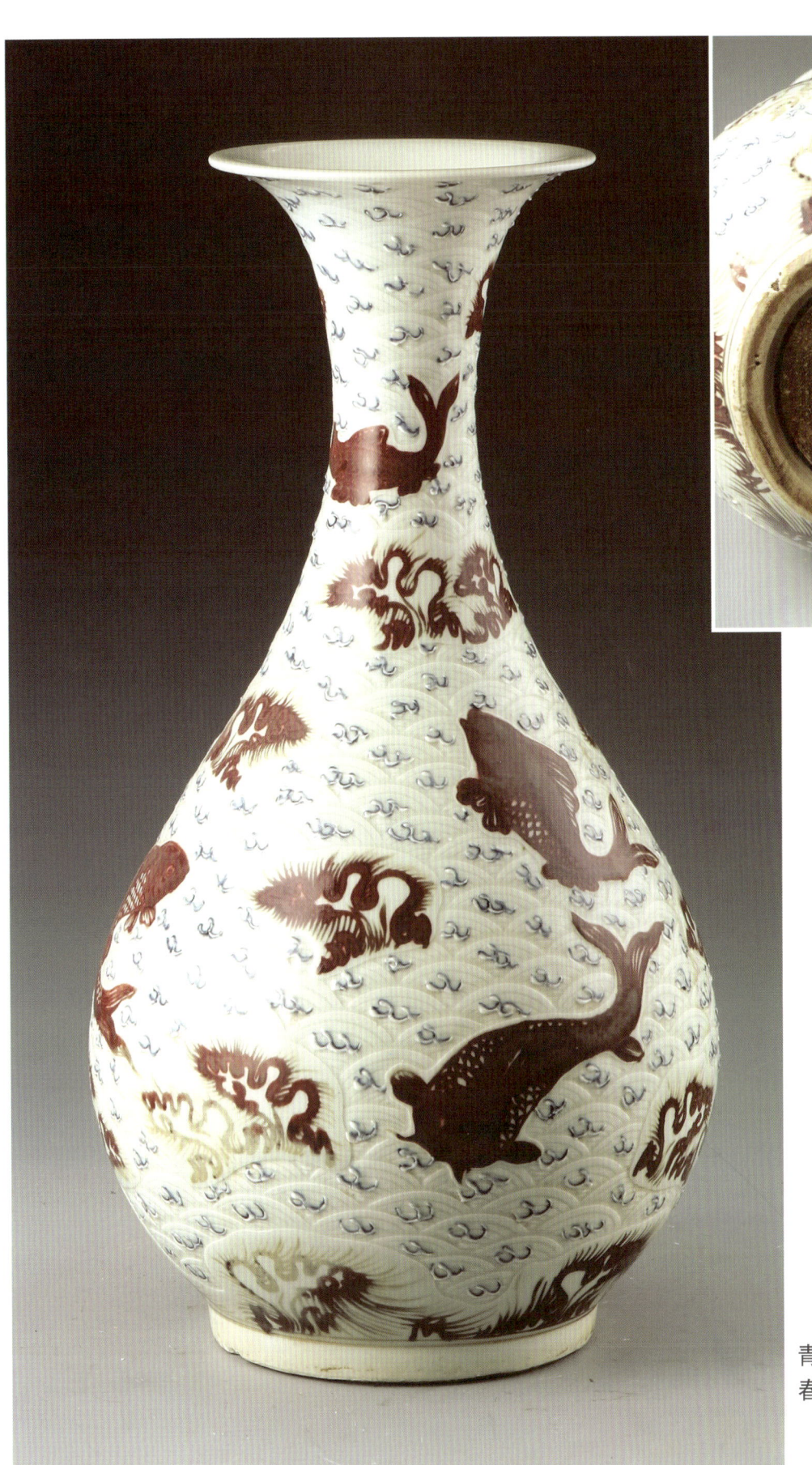

青花釉里红浅浮雕玉壶春瓶

尺寸：口径18cm 高55.5cm

藏家：费永强（北京）

古陶瓷精品

青花人物纹玉壶春瓶

尺寸：口径14cm 高50cm

藏家：王鲁湘（北京）

三、元代器物

青花人物故事纹罐

尺寸：口径23cm 高31cm

藏家：余春泉（北京）

古陶瓷精品

青花荷池鸳鸯纹盘

尺寸：直径43×6.8cm

藏家：蒯　超（上海）

三、元代器物

青花釉里红多穆壶

尺寸：口径15cm 高37cm

藏家：姜广录（上海）

青花釉里红人物盘

尺寸：直径47×7cm

藏家：田 川（上海）

三、元代器物

白釉浅雕鹿纹盘

尺寸：直径42×7cm

藏家：田 川（上海）

蓝釉留白浅雕鸾凤纹盘

尺寸：直径43.6×6cm

藏家：苏云柱（天津）

三、元代器物

蓝釉留白浅雕荷池鸳鸯纹盘

尺寸：直径44×6.5cm

藏家：苏云柱（天津）

古陶瓷精品

红釉堆塑辅首罐

尺寸：口径15cm 高32.5cm

藏家：田智庆（南京）

青花釉里红狮钮盖罐

尺寸：口径20cm 高66cm
藏家：贾根生（南京）

古陶瓷精品

青花八方葫芦瓶

尺寸：口径16.5cm 高46cm

藏家：贯根生（南京）

三、元代器物

青花凤首扁壶

尺寸：口径4cm 高20cm

藏家：李崇安（镇江）

青花釉里红堆塑八棱辅首广口瓶

尺寸：14 × 47cm

藏家：缪玉明（连云港）

三、元代器物

青花留白瓜果花鸟纹盘

尺寸：直径55cm 高7.5cm

藏家：李新红（南通）

青花留白海水如意纹盘

尺寸：直径76cm 高10cm

藏家：李新红（南通）

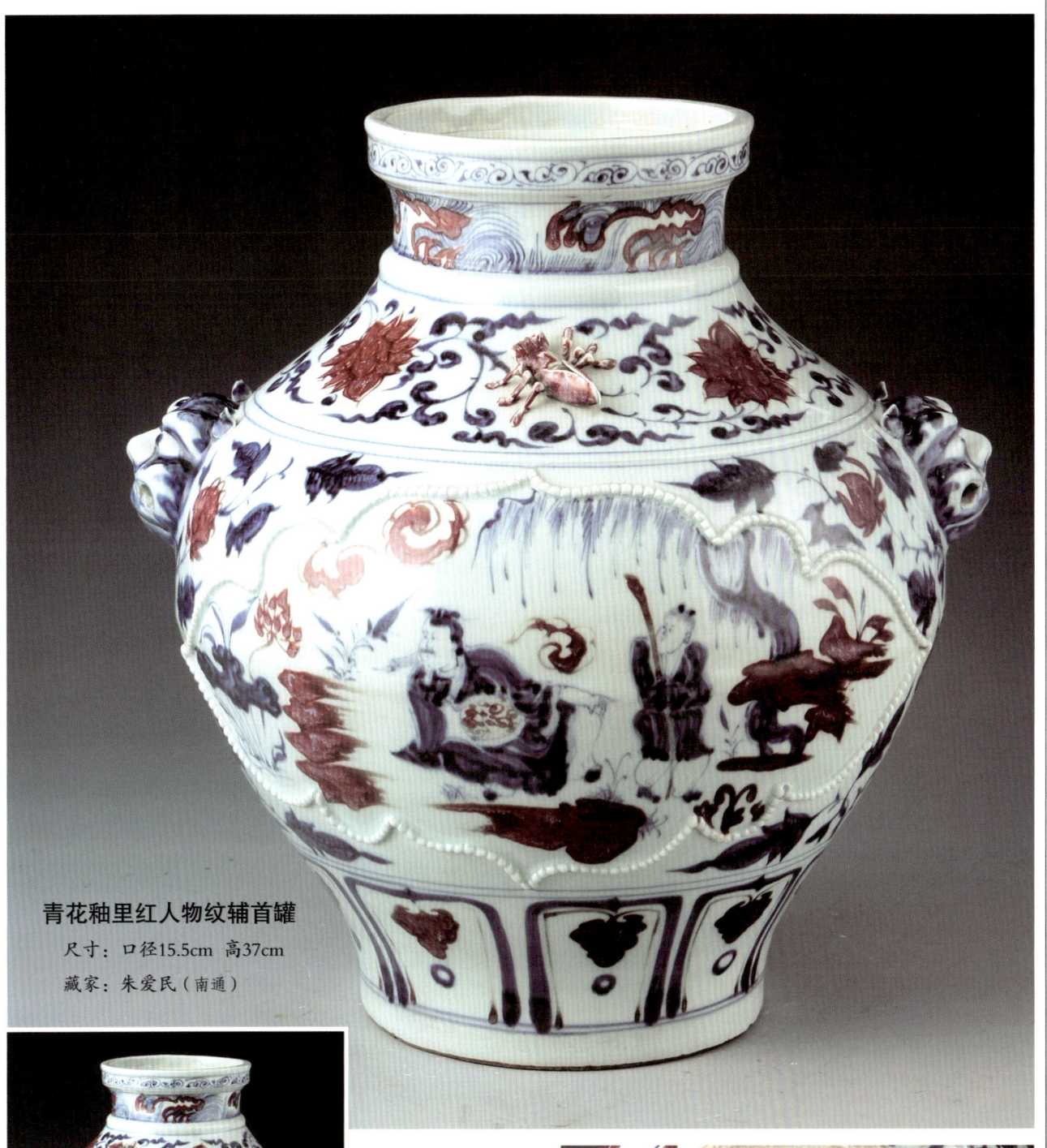

三、元代器物

青花釉里红人物纹辅首罐

尺寸：口径15.5cm 高37cm

藏家：朱爱民（南通）

古陶瓷精品

青花五彩昭君出塞罐

尺寸：口径20cm 高28cm

藏家：姜俊杰（杭州）

青花鱼藻纹辅首狮钮盖罐

尺寸：口径20cm 高65cm

藏家：姜俊杰（杭州）

红绿彩描金海水如意凤纹花口盘

尺寸：直径40×6cm

藏家：钱玉如（杭州）

三、元代器物

蓝釉留白龙纹梅瓶　　藏家：张海宗（杭州）

尺寸：口径6cm　高44cm

青花龙纹梅瓶

尺寸：口径6cm 高49cm

藏家：张海宗（杭州）

三、元代器物

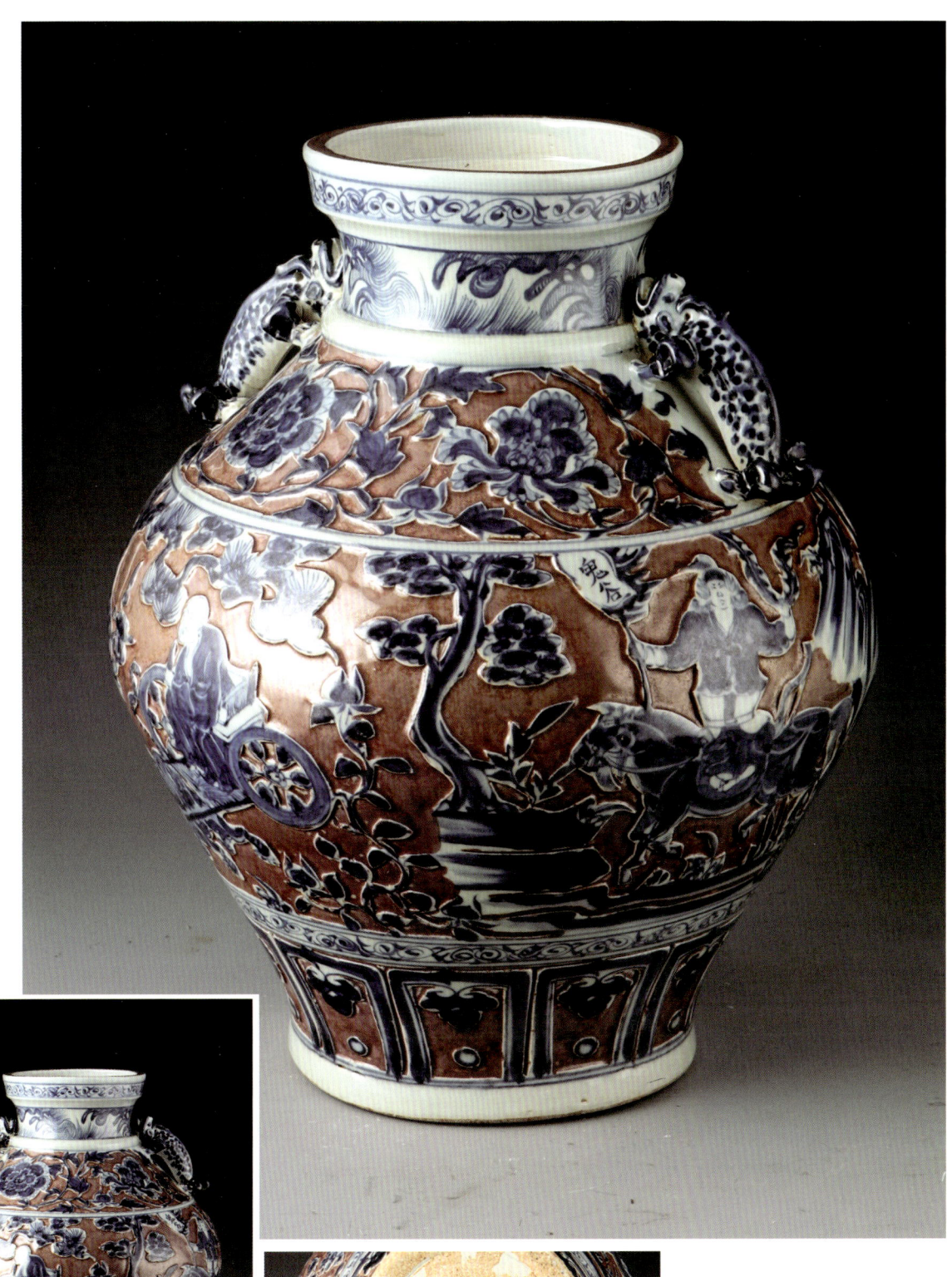

青花釉里红鬼谷纹螭耳罐

尺寸：口径17cm 高43cm

藏家：平张富（杭州）

古陶瓷精品

青花釉里红堆塑瑞兽纹盘

尺寸：直径41×8cm

藏家：刘谷莹（杭州）

三、元代器物

青花釉里红堆塑锦香亭盘

尺寸：直径41×7cm

藏家：王瑶仙（杭州）

古陶瓷精品

青花釉里红鬼谷纹罐

尺寸：口径21cm 高28cm

藏家：徐关根（绍兴）

三、元代器物

青花留白人物纹罐

尺寸：口径21cm 高28cm

藏家：徐关根（绍兴）

白釉暗刻釉里红鱼藻纹梅瓶

尺寸：口径6cm 高50cm

藏家：郦建强（绍兴）

三、元代器物

红绿彩描金人物纹荷叶盖罐

尺寸：口径21cm 高49cm

藏家：郦建强（绍兴）

青花釉里红墨盒

尺寸：直径23cm 高8cm
藏家：曾锡华（广东）

三、元代器物

青花瑞兽纹玉壶春瓶

尺寸：口径15cm 高52cm

藏家：何新常（广东）

青花釉里红堆塑葫芦瓶

尺寸：口径8cm 高47cm

藏家：何新常（广东）

三、元代器物

珐华彩叶形壶

尺寸：口径7cm 长46cm

藏家：欧耀棠（广东）

古陶瓷精品

青花鬼谷纹罐

尺寸：口径21cm 高30cm

藏家：肖忠平（贵州）

三、元代器物

青花五彩人物八棱瓶

尺寸：口径12cm 高48cm

藏家：李洪安（山东）

青花瑞兽纹花口盘

尺寸：直径47cm 高10cm

藏家：张 明（山东）

三、元代器物

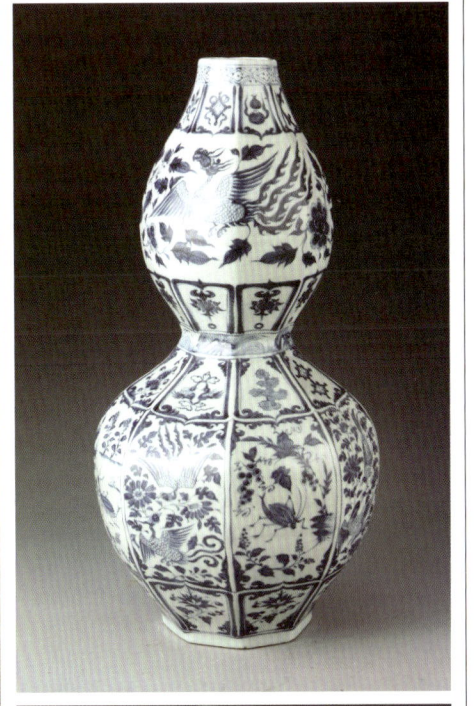

青花凤纹八方葫芦瓶

尺寸：口径8cm 高56cm

藏家：刘洋（陕西）

古陶瓷精品

青花龙纹广口梅瓶

尺寸：口径16cm

高47cm

藏家：薛爱琴（陕西）

三、元代器物

青花留白龙纹铺首狮钮盖罐

尺寸：口径15cm 高48cm

藏家：王友义（河北）

青花唐太宗人物纹罐

尺寸：口径21cm 高29cm

藏家：姚义（辽宁）

三、元代器物

青花留白莲花八宝纹花口大碗

尺寸：直径37cm 高15cm

藏家：宫　振（大庆）

红釉留白龙纹玉壶春瓶

尺寸：口径16cm 高56cm

藏家：宫 振（大庆）

三、元代器物

青花五彩梅瓶（对）

尺寸：口径5cm 高44cm

藏家：刘志全（四川）

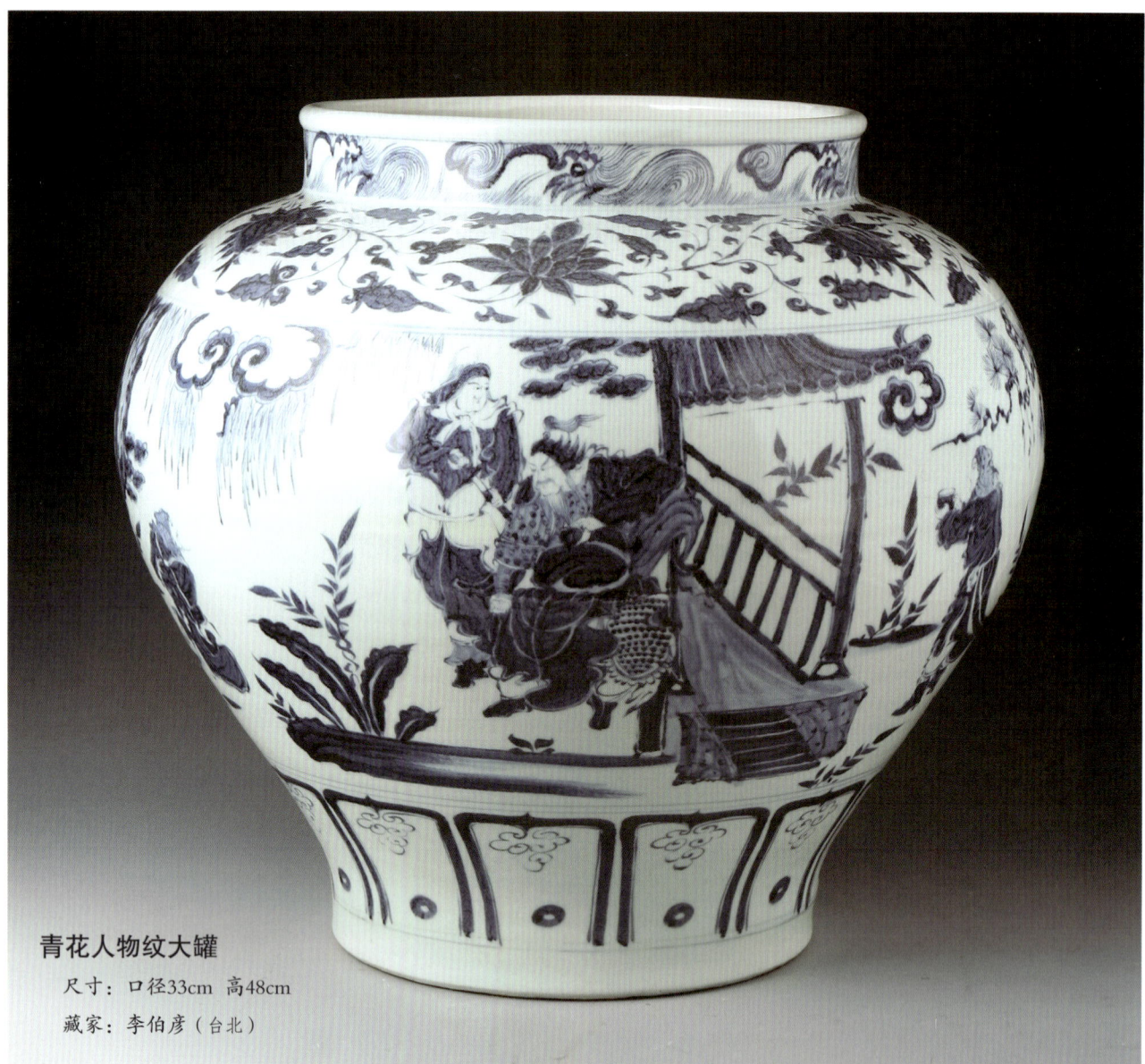

古陶瓷精品

青花人物纹大罐

尺寸：口径33cm 高48cm

藏家：李伯彦（台北）

三、元代器物

釉里红堆塑带盖梅瓶

尺寸：口径6cm 高44cm

藏家：陈焕伦（广东）

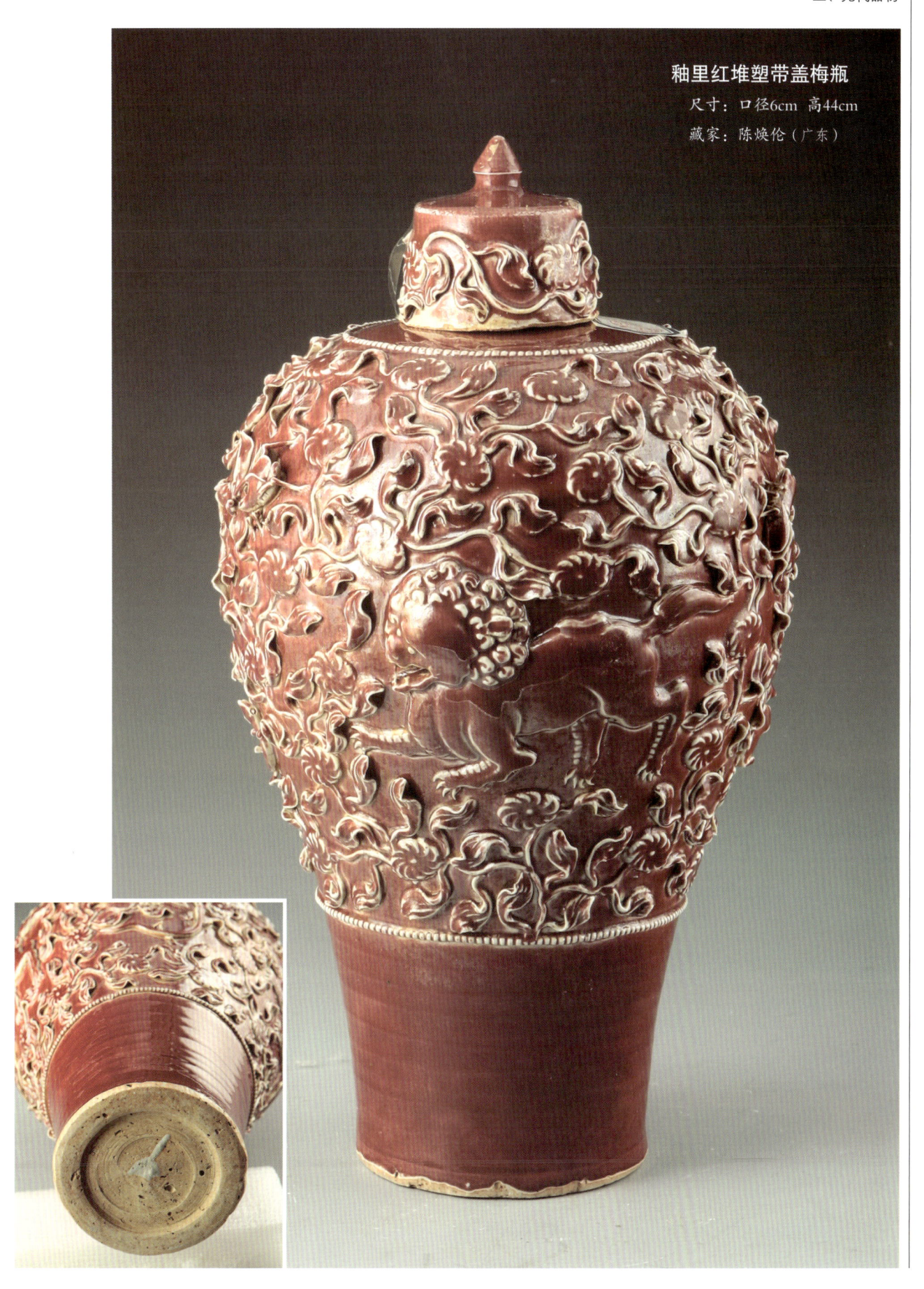

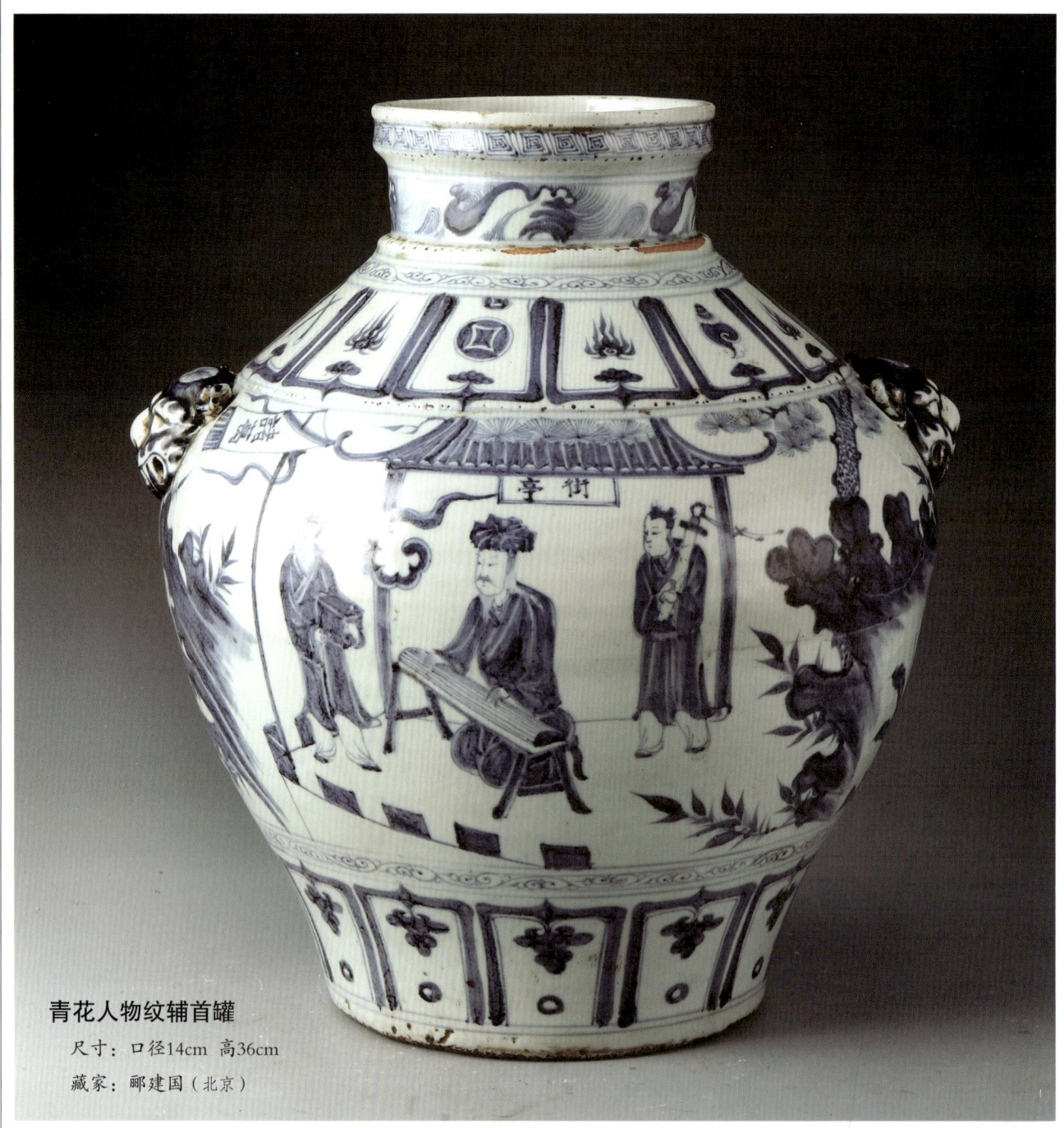

古陶瓷精品

青花人物纹辅首罐

尺寸：口径14cm 高36cm

藏家：郿建国（北京）

三、元代器物

青花釉里红辅首罐

尺寸：口径22.5cm 高30cm
藏家：郦建国（北京）

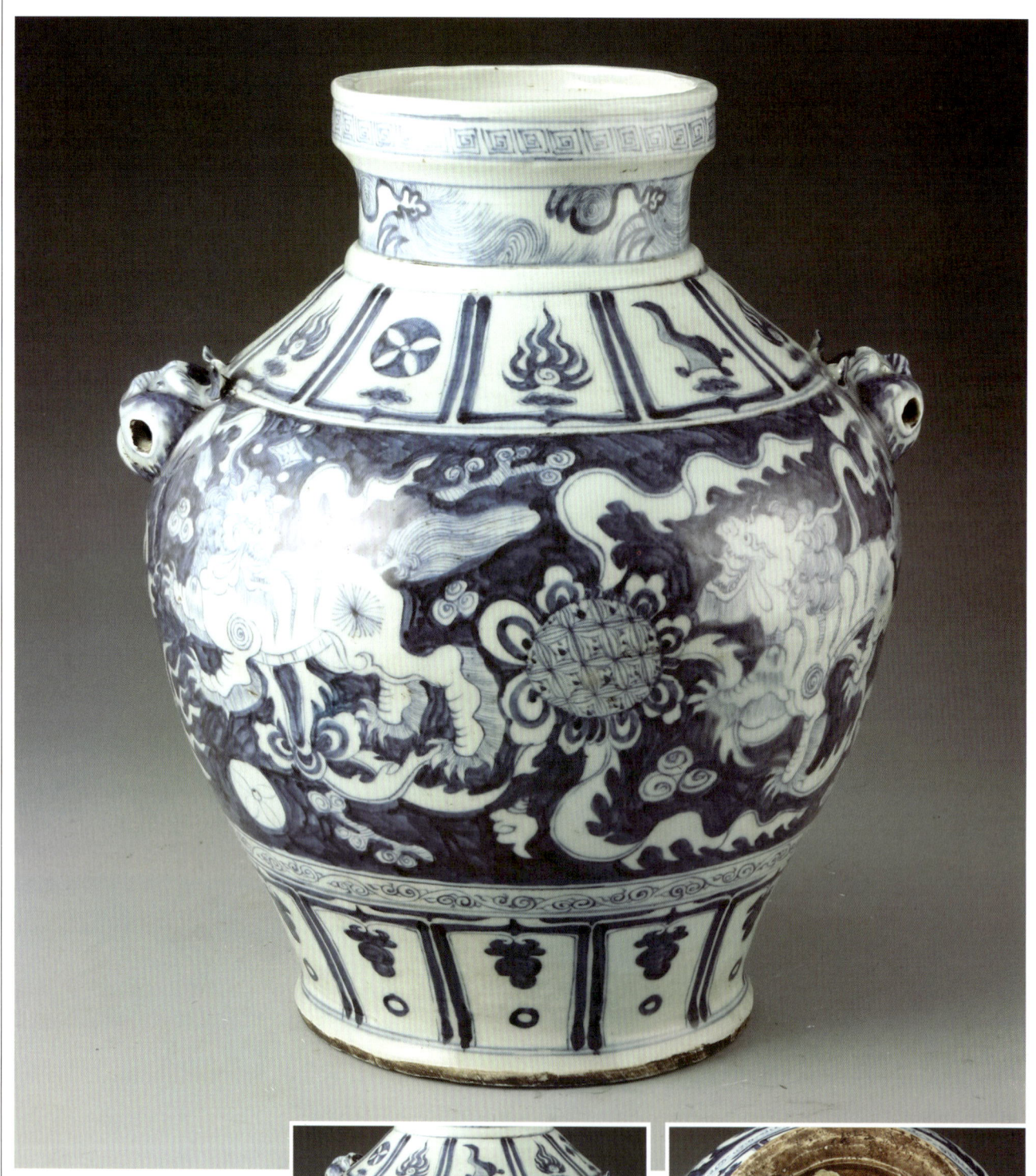

青花留白狮纹辅首罐

尺寸：口径16cm 高38cm

藏家：郦建国（北京）

三、元代器物

青花鬼谷下山纹桌凳一套（一桌四凳）

尺寸：略

藏家：周超瑛

釉里红留白凤纹螭耳扁瓶

尺寸：口径8cm 高33.5cm

藏家：唐建伟（广东）

三、元代器物

青花留白云龙纹螭耳扁瓶

尺寸：口径8cm 高33.5cm

藏家：唐建伟（广东）

釉里红留白云龙纹抱月瓶

　　尺寸：口径11cm　高67cm
　　藏家：陈梅铭（绍兴）

红釉青花云龙纹荷叶盖罐

尺寸：口径23cm 高39cm

藏家：夏访渊（杭州）

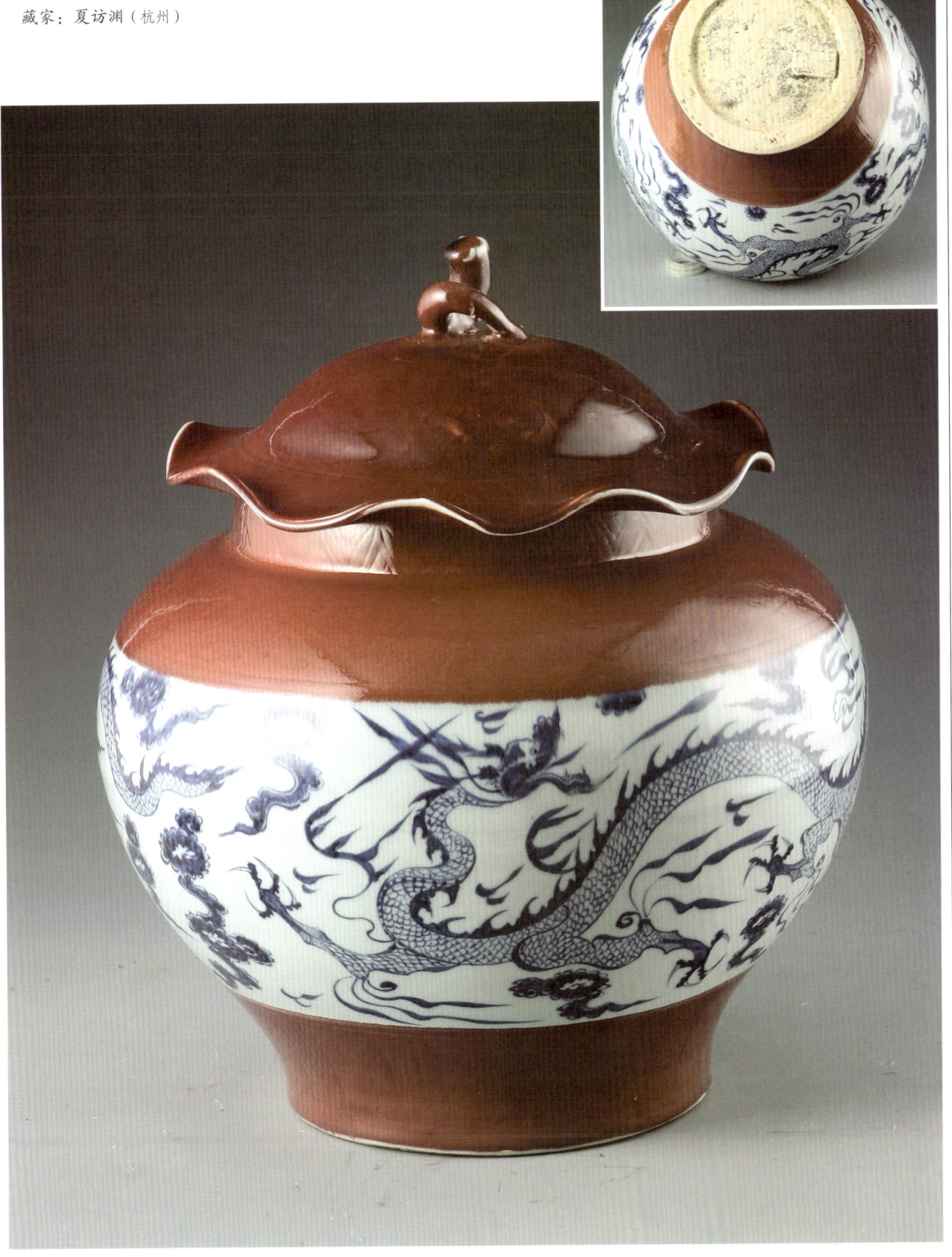

古陶瓷精品

蓝地白凸雕荷塘鸳鸯纹大盘

尺寸：直径46cm 高7.5cm

藏家：夏访渊（杭州）

三、元代器物

青花人物瓷板画

尺寸：50.5×49.2cm

藏家：梁志伟（广东）

古陶瓷精品

青花人物纹盘

尺寸：直径46cm 高7cm

藏家：潘杰武（广东）

三、元代器物

青花蝴蝶型人物纹盘

尺寸：36 × 52 × 4cm

藏家：潘浩标（广东）

青花人物纹方盘

尺寸：79 × 40.5 × 2.8cm

藏家：廖子坚（广东）

三、元代器物

青花留白带盖梅瓶

尺寸：口径7cm 高50cm

藏家：倪根龙（上海）

古陶瓷精品

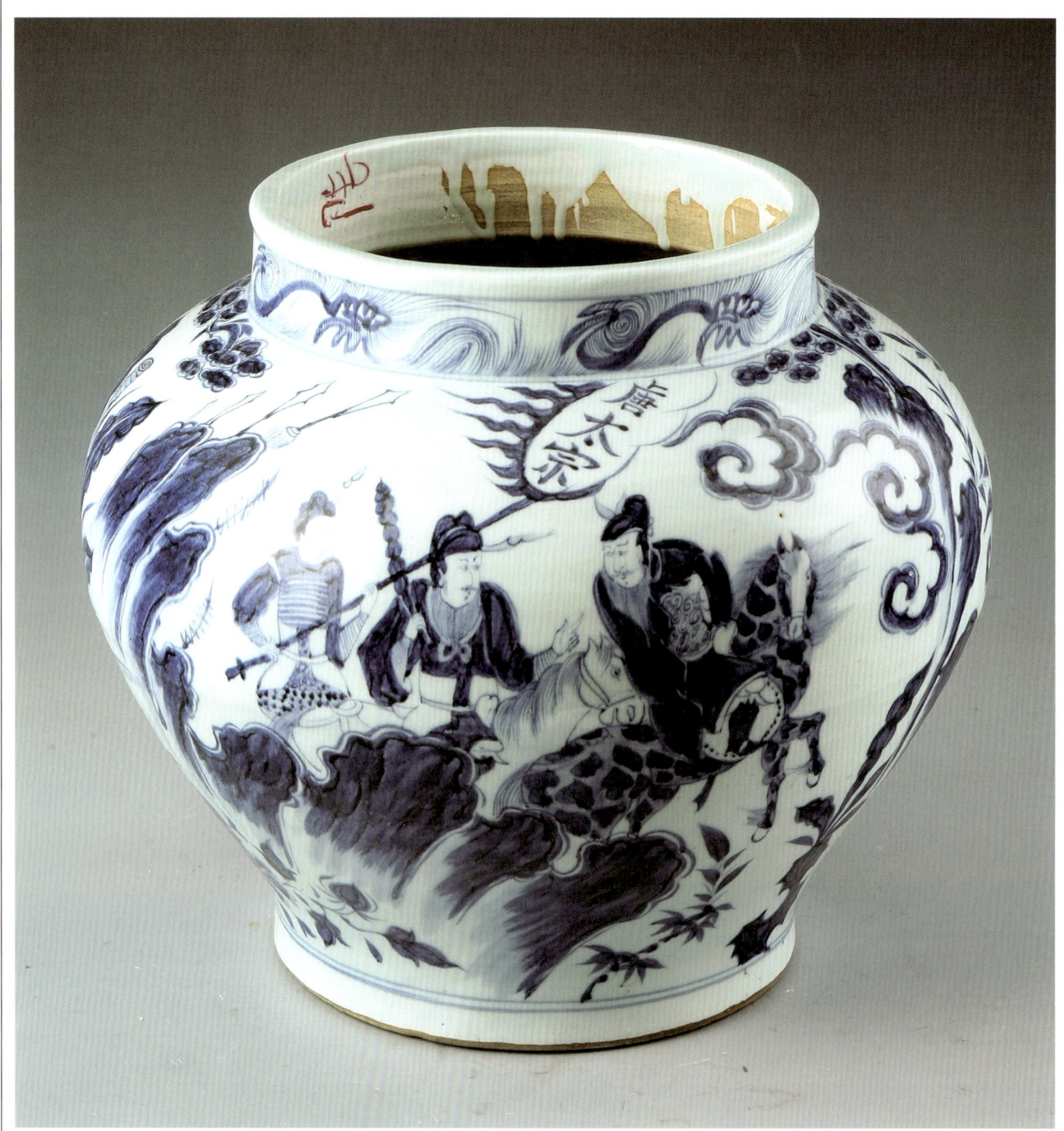

青花人物纹罐

尺寸：口径21cm 高29cm

藏家：陆 毅（上海）

三、元代器物

青花釉里红留白龙纹八棱梅瓶

尺寸：口径6cm 高48cm

藏家：陆 毅（上海）

白釉龙纹扁壶

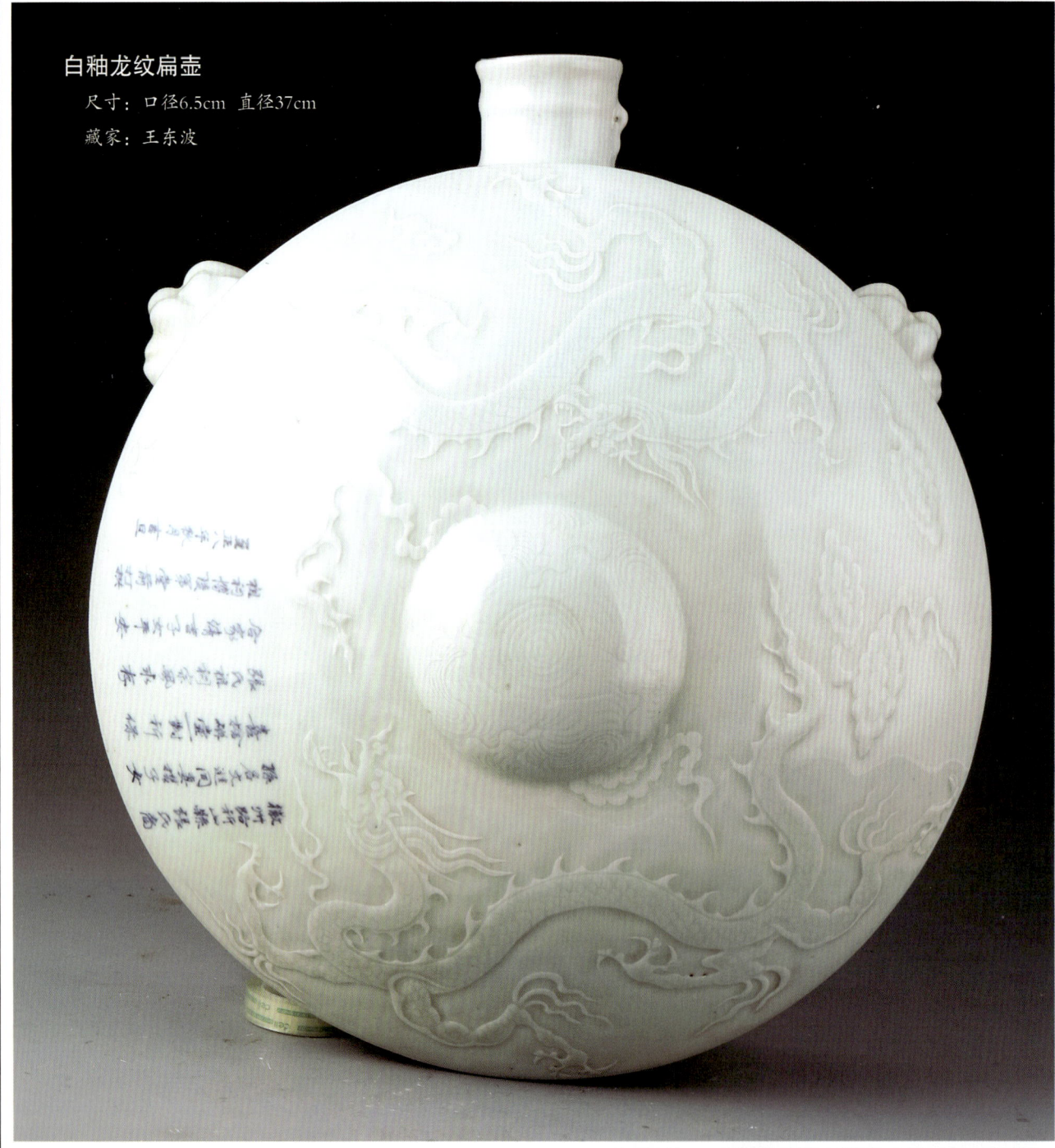

尺寸：口径6.5cm 直径37cm
藏家：王东波

三、元代器物

法华彩八棱塔瓶

尺寸：口径10cm 高61cm
藏家：王东波

红绿彩人物纹大盘

尺寸：直径47.5cm 高7.5cm

藏家：霍锦湛（广东）

4

明代洪武、永乐时期

明洪武青花岁寒三友菱口大盘

尺寸：29.5×6.6cm　藏家：王　进（江苏）

菱口，浅弧壁，模压成型。器型工整端庄，制作讲究，画工精细，浅弧壁书写的梵文与底圈的回纹、卷草纹衬托出盘中的岁寒三友，布局疏密有致，层次分明，中心突出，为洪武时期的精美之作。

"大明洪武"款青花五彩人物大罐

尺寸：35×21cm　藏家：陈焕伦（广东）

直口唇边，丰肩，圆鼓腹渐收于足圈，造型端庄大气。胎质密实，釉面油润肥厚，色彩鲜艳，搭配协调。刀马人物生动刚健。明代洪武器物中，青花五彩和落官窑款的极少见，此罐实属珍贵。

明代洪武、永乐时期

明洪武釉里红缠枝花卉纹葵口大盘

尺寸：42×8cm　藏家：韩云菊（辽宁）

葵口折沿，浅弧壁，圈足，做工讲究，造型优美。通体釉里红装饰色彩优美，釉面滋润肥厚，折沿处绘缠枝灵枝纹，内弧壁饰折枝莲纹，中心底板绘缠枝菊花纹和缠枝牡丹花纹，画工细腻，布局协调、雅致，非常难得。

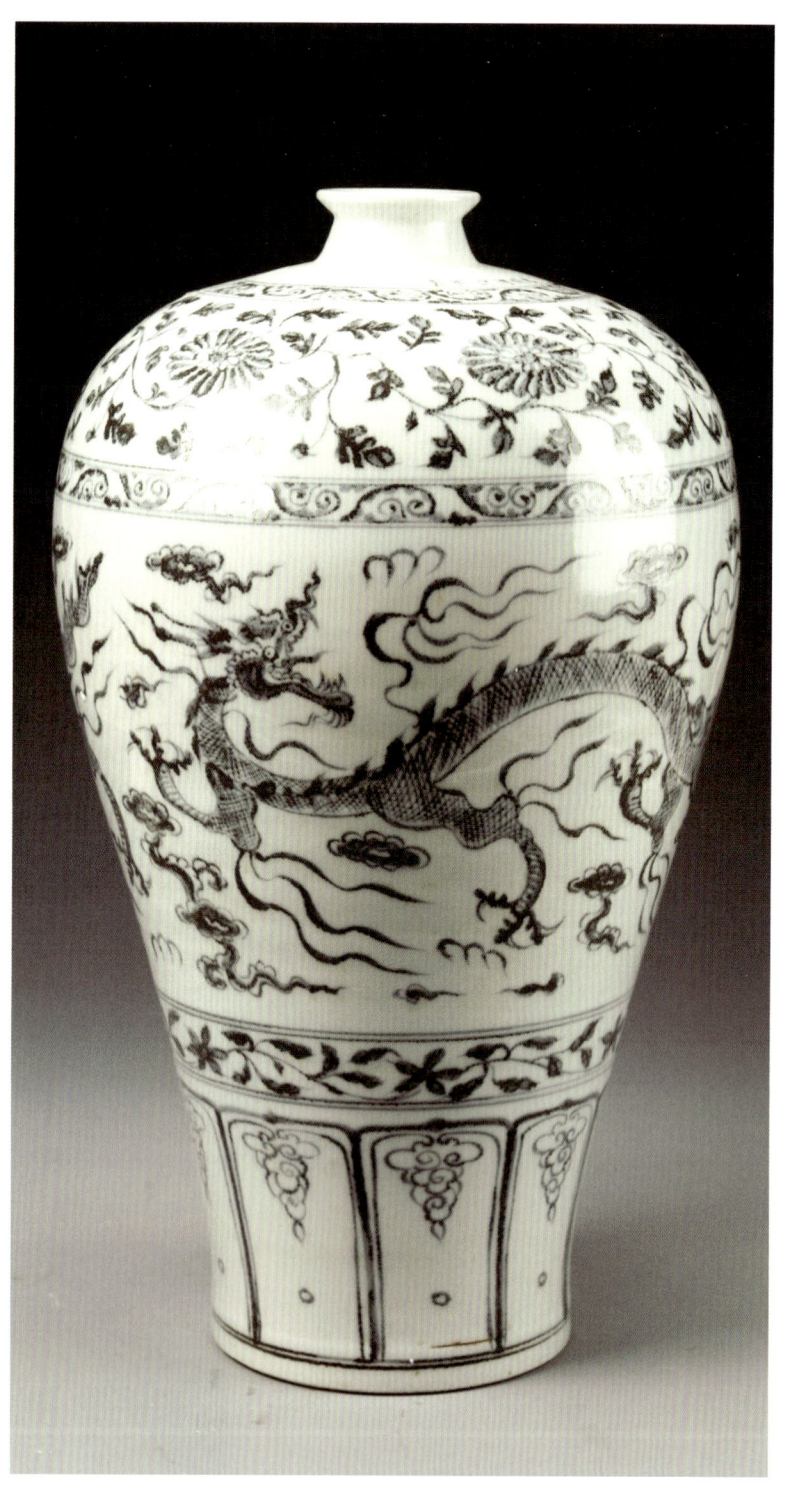

"大明洪武年制"款青花云龙纹梅瓶

尺寸：41×14cm　藏家：霍锦湛（广东）

小口，口颈向内斜切，丰肩，腹以下渐敛，近足处略外撇，做工讲究，样式标准。釉色饱满肥厚，肩部的缠枝菊花纹画工细致，器身龙纹飘逸洒脱。近颈处书有"大明洪武年制"官窑款。

明永乐青花矾红龙纹天球瓶

尺寸：45×9cm　藏家：贾立生（上海）

　　天球瓶创烧于明代永乐朝。此瓶口略侈，直颈，圆球腹，圈足，做工标准，样式大气，胎质密实，釉面滋润肥厚，矾红龙纹枣皮样鲜艳夺目，龙首高昂，凶猛无比，龙爪似刀，刚劲有力，缠枝青卷草纹与矾红花卉、龙纹疏密有致。此瓶或可视为创烧年代的标准器，珍稀可宝。

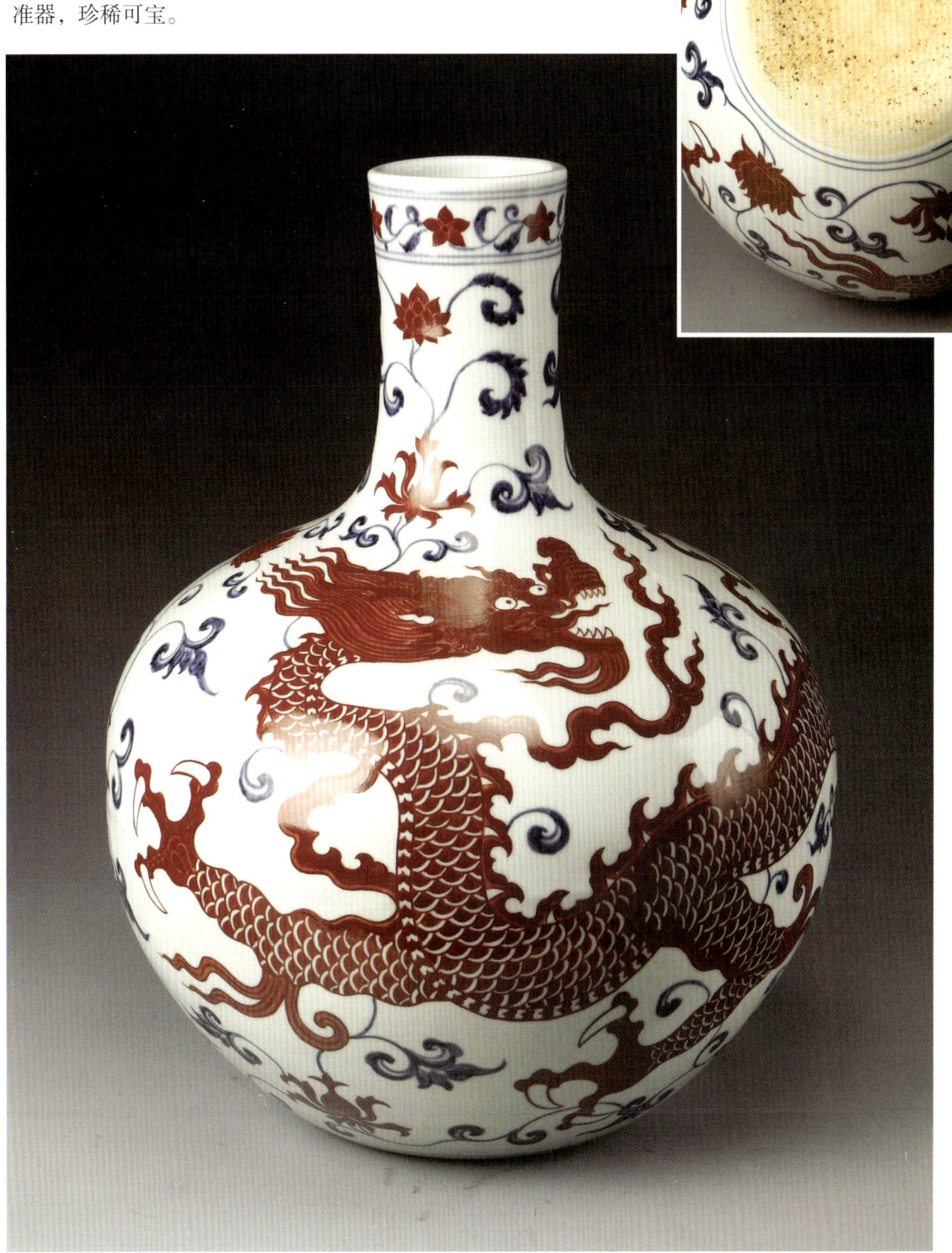

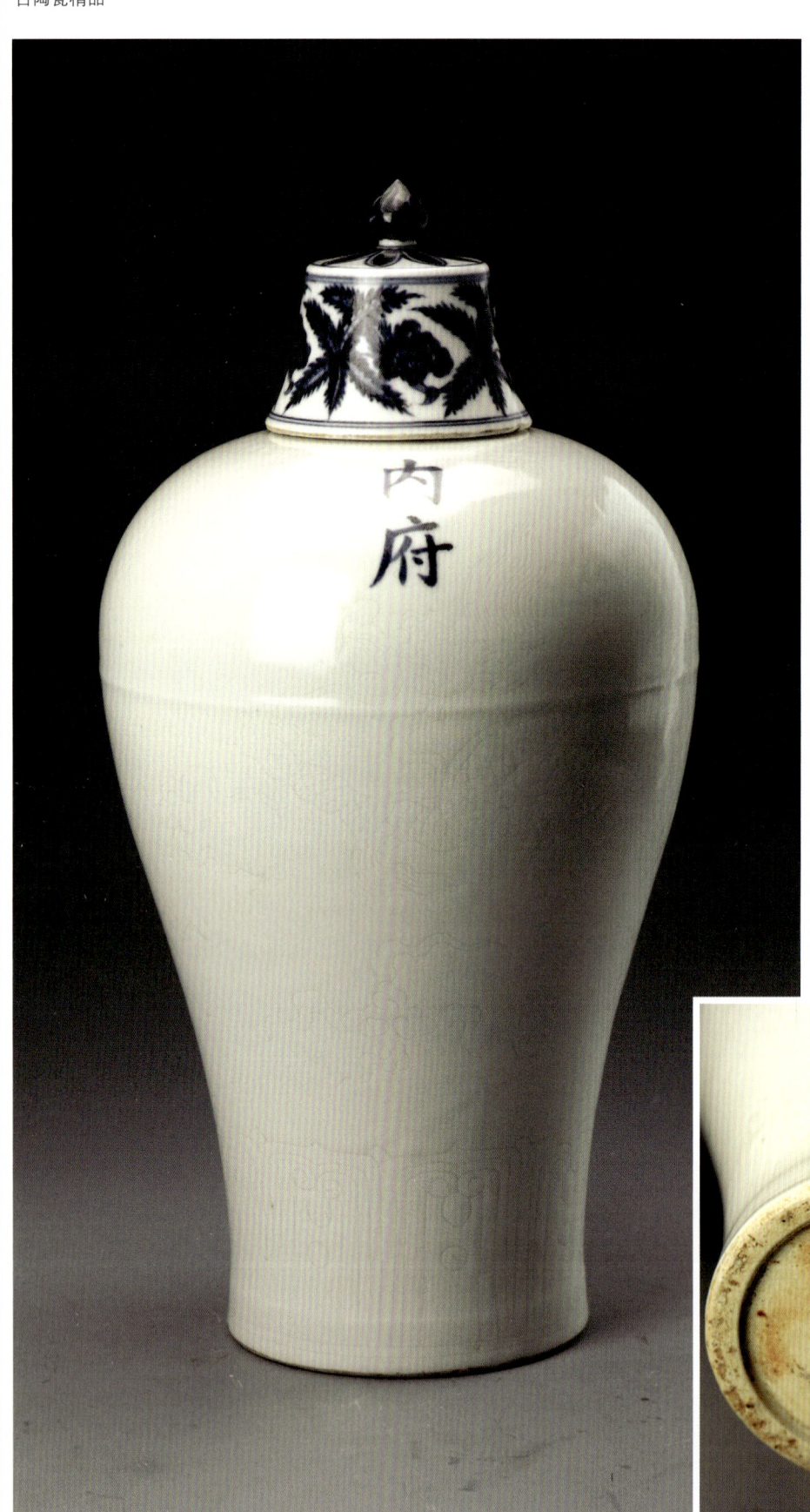

明"内府"款甜白釉带盖梅瓶

尺寸：43×14×6.5cm

藏家：李伯彦（台北）

造型俊秀，色泽甜美。甜白瓷为明代永乐朝在元代印白釉的基础上创烧而成，因胎质细腻洁白，施以不含铁或含铁量极低的秀明釉烧成后，洁雅甜静，因而得名。此瓶通体洁白，用青花纹式的瓶盖点缀，真乃万般白中一点翠，雅致无比。

明代洪武、永乐时期

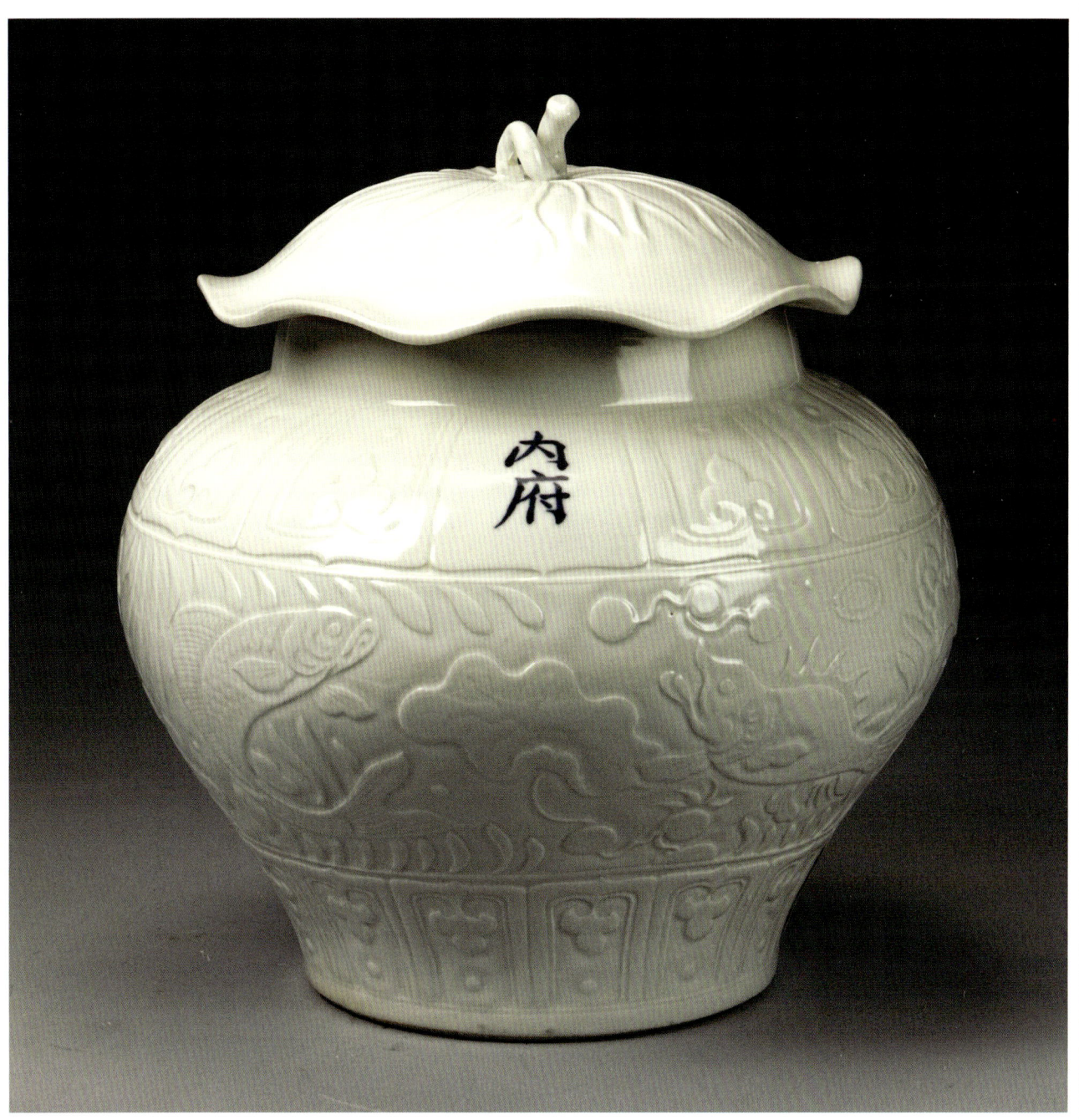

明永乐"内府"款荷叶盖罐

尺寸：35×20.8cm　藏家：郦建强（浙江）

体态雍容饱满，荷叶盖形态逼真，尽显端庄富贵之相。胎质密实。通体施以白釉，肥润素雅。青花"内府"款更具点缀效果。"内府"款为官窑款，始于宋代，沿用至明早期。

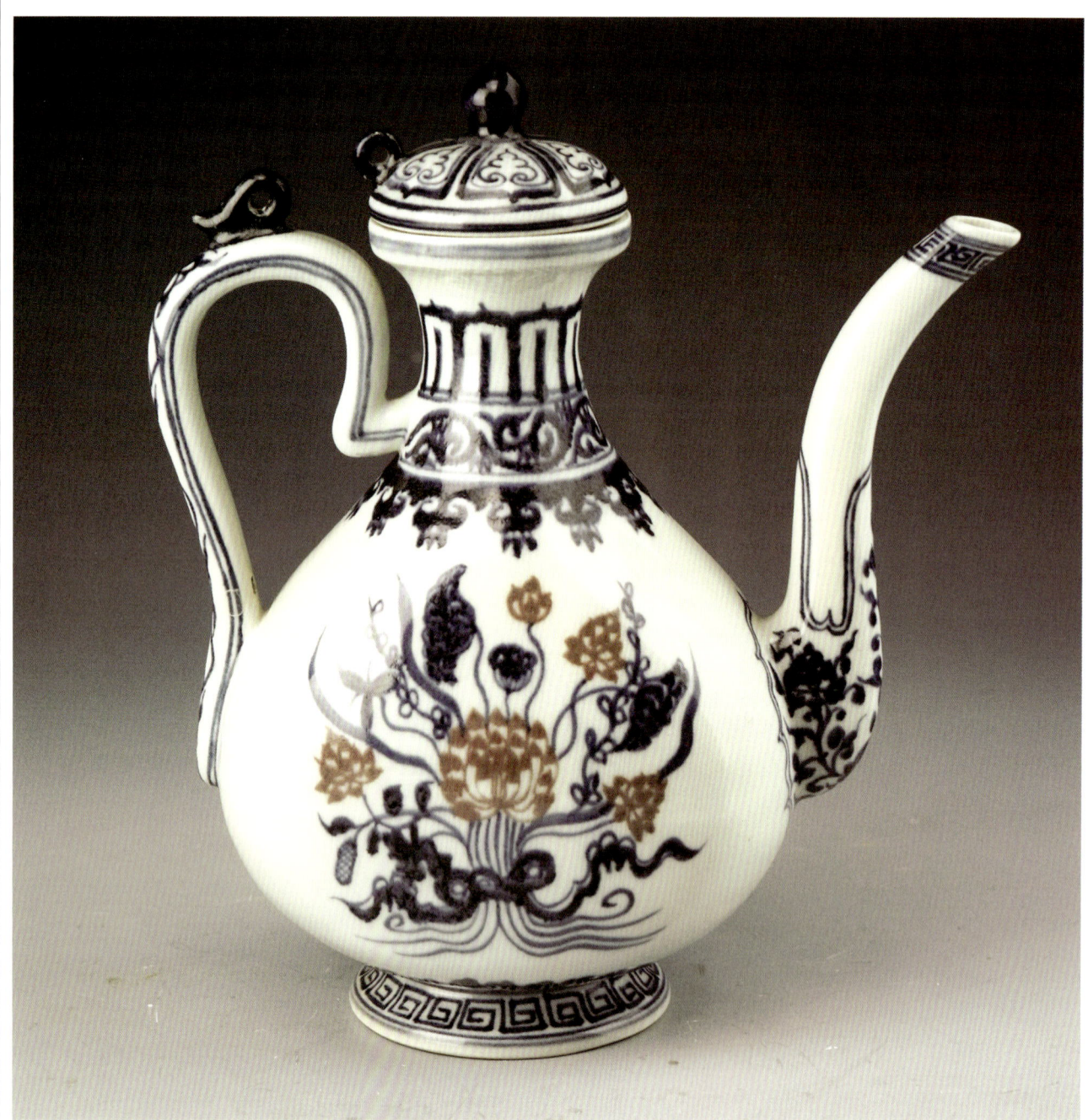

明永乐青花釉里红一束莲纹执壶

尺寸：9.5×7.5cm　　藏家：孙启明（广东）

器型优雅饱满，圆弧腹渐收于足，足外撇，流成弧形上引与口成水平状，圆弧型执手曲线优美，执手与盖有系，做工精致。胎质洁白密实，苏青发色纯正，釉里红浓艳，施釉饱满肥厚，油润如脂。一束莲花画工飘逸、洒脱，非常精美。

明代洪武、永乐时期

明永乐青花桃树纹梅瓶

尺寸：高36cm

藏家：阙和民（江苏）

唇口，细颈，丰肩，整器造型丰满大气。胎体洁白密实，用料讲究。苏青发色纯正，雅致，釉色油润如脂。肩部卷草纹和近足部的缠枝菊花纹衬出器身的整棵桃树纹式，一树六桃，正背面各三桃，画面素雅疏朗，布局合理，充分表现出永乐时期的画风特征。此桃树纹式在存世器物纹式中极为稀少。

明永乐青花金彩三果纹梅瓶

尺寸：44×14cm

藏家：葛幻华（上海）

制作精良工整，器型丰满，雍容华贵。用料考究，胎质洁白密实。釉面滋润肥厚，苏青钴料发色纯正，与金彩搭配协调。画工细腻，疏朗流畅。此瓶的可贵之处在于形体完整，盖身为原配，在民间藏品中罕见。

明代洪武、永乐时期

明永乐青花绶带鸟荔枝纹盘

尺寸：D33cm　藏家：刘　洋

撇口，小唇边，浅壁微弧，做工标准精细，胎质密实，施釉肥厚，包浆十足。器内口沿绘海水纹。青花发色浓艳。内壁绘缠枝花卉纹，衬出绶带鸟荔枝纹，画工细腻，画意优雅，实为上乘之作。

明永乐青花缠枝花卉龙纹盘

尺寸：D34cm
藏家：刘 洋

敞口，小唇边，壁微弧，制作精细工整。用料讲究，胎质密实洁白。苏青钴料发色纯正浓艳，釉面莹润。器弧内壁绘回纹缠枝花卉纹，内底面绘青花留白海水龙纹，画工细腻流畅。

5

明代宣德时期

明代宣德时期

明宣德红釉僧帽壶

尺寸：19.6×7.7cm　藏家：卢志禹（上海）

因其口的形状与僧帽相似而得名。创烧于元代，明永乐、宣德时有所发展。此壶口似僧帽，又像鸭嘴，直颈圆鼓腹，圈足，曲柄，器形标准、优美。红釉面油润肥厚，宝光十足，挂釉处如油脂流淌。此壶融兼实用和观赏为一体，在收藏中为上品佳器。

明宣德青花五彩鸳鸯莲池纹瓶

尺寸：42×10cm　藏家：张海宗（杭州）

折口，细长直颈，圆球形身，圈足外撇，造型独特而规整。施釉肥厚滋润，直颈绘缠枝莲花纹，肩绘海水开光八宝纹，器身绘鸳鸯莲池纹，画工细致，色彩协调，画面生动活泼。

明代宣德时期

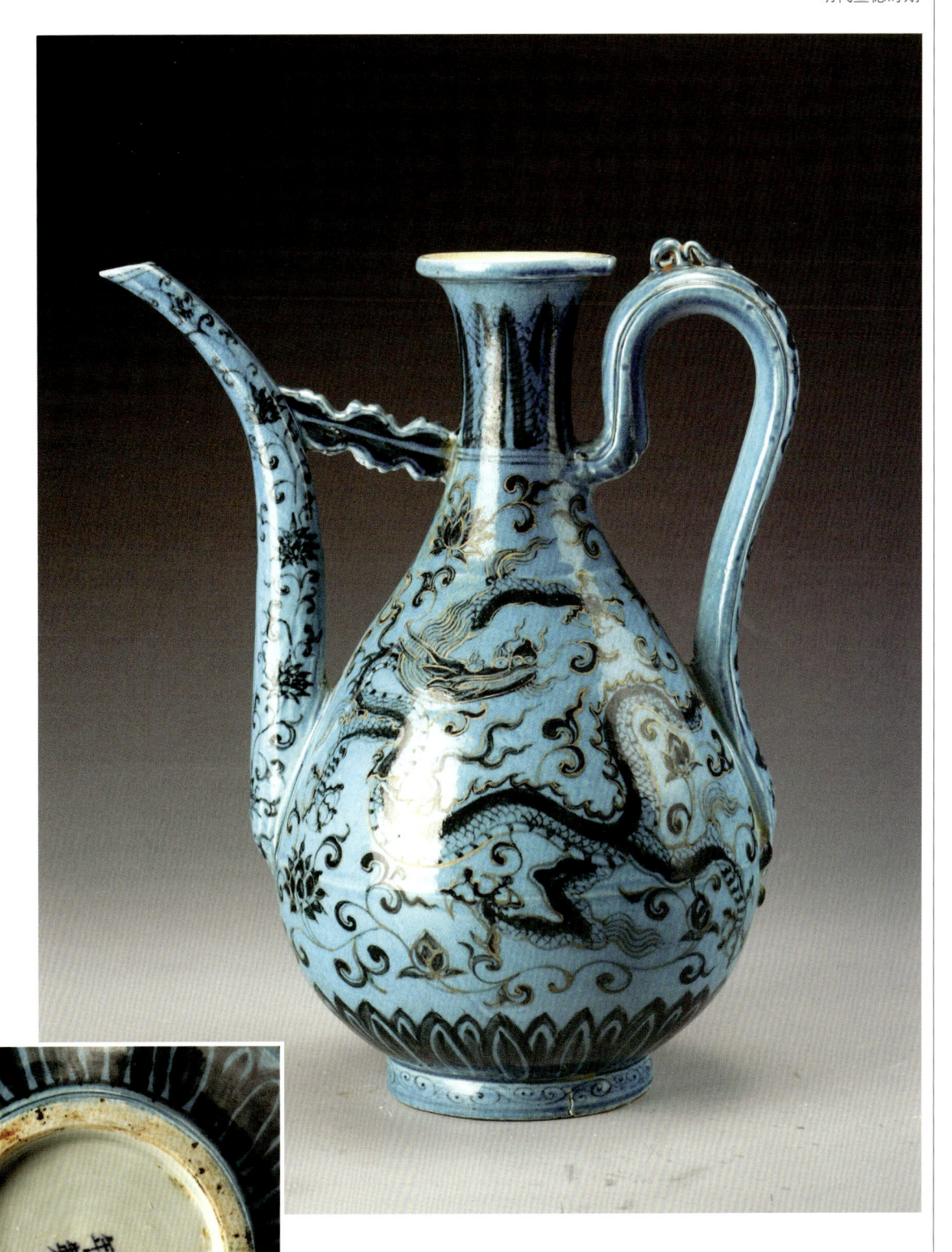

明宣德孔雀蓝地青花描金龙纹执壶

尺寸：30.5×10cm　藏家：张小兵（北京）

唇口，细颈，圆鼓腹，弧型流，圆弧型执手和壶身相配，雅致美观。画工精细，周身施孔雀地彩釉，衬出黑、青色描金龙的凶猛威武。该壶色雅形美，十分难得。

明宣德圆雕青花象

尺寸：高27.5cm　藏家：姜广录（上海）

造型逼真，形态富有动感。全器采用圆雕工艺，雕工精致细腻，构思巧妙。用料讲究，胎质结实，青花发色浓艳，釉面肥厚滋润，宝光十足。首、鼻、腿绘横纹，身绘海水纹，形象大气，甚为少见。

明宣德"大德吉祥场"出戟盖罐

尺寸：35×34cm　藏家：张小兵（北京）

根据现存资料和实物判断，此罐为明代宣德朝创烧而成，其形参照佛教供器而制。直口，丰肩，肩部装饰八个出戟方块，罐名据此而得，圆鼓腹渐收于器底，做工讲究，胎质洁白密实，施釉肥厚油润。盖顶凹处绘祥云，书梵文，盖直壁绘海水纹，八块出戟上绘折枝花纹。所书梵文分别代表佛种子名和佛女神种子名，盖内和罐内底对应书有"大德吉祥场"字语，或为德高望重的长老或佛主在用此祭神的场地授予他人的吉祥称号。

明宣德红釉留白三多纹盖罐

尺寸：35×19cm　藏家：余念忠（上海）

此罐折边半圆盖，盖中一钮，直颈，丰肩圆鼓腹渐收于足，形体饱满，雍容富贵。做工用料讲究，胎质密实，宝光内敛。红釉发色艳丽，与留白的三多纹色彩甚是协调。

明宣德青花海水兽纹高足杯

尺寸：7×8.5×4cm　藏家：刘伟亮（四川）

敞口，深腹，壁成弧型近底，渐收于高足。竹节形手柄中略凸起一圈，造型标准，形态大方。胎体洁白密实，施釉饱满肥厚，滋润如脂。青花发色纯正，浓淡相映，淡色青花海水纹衬托出浓艳的兽纹，十分雅致美观。

古陶瓷精品

明宣德洒蓝地（雪花兰）留白石榴尊

尺寸：34.5×15.5cm　藏家：郭守强（广东）

形体饱满大气，撇口向下，直颈略弧，丰肩，圆鼓腹，足外撇，腹中起凹线，形似石榴，做工精细。雪花吹釉复杂，釉面均匀肥厚，宝光内敛。画工层次布局协调，上下纹饰衬托出器身中心的折枝花卉纹，颇有端庄之态。

明代宣德时期

明宣德青花阳刻梵文梅瓶

尺寸：32×12.8×6.5

藏家：盛世华（江苏）

唇口，弧型短颈，丰肩，圆鼓腹，足外撇，胎质洁白细腻，施釉莹润肥厚。肩部阳刻蕉叶纹，一周绘卷草纹，器身满是阳刻梵文，施亮清白釉，上绘青花折枝花卉，腹下部绘香草纹，足部阳刻仰莲纹，画工、刻工俱精。阳刻的繁复被青花折枝花卉纹式点缀后，显得疏朗素雅，可见当年制作者的用心独到。

明宣德酱釉彩瓜果纹盘

尺寸：D30.5cm　藏家：韦雪槐（广西）

撇口，浅弧壁，圈足，造型规整，胎质细腻洁白，施釉均匀，莹润肥厚。盘壁绘四枝小果纹饰，烘托出盘中心整枝瓜果纹式，十分精彩。

明代宣德时期

明宣德青花螭龙簋

尺寸：27×23.5cm　藏家：张　铭（山东）

直口，圆鼓腹，撇足，器身对称饰两条螭龙，规整饱满。胎质细白密实，釉面滋润肥厚，青花发色浓艳。口颈饰回纹，足绘叶纹，器身绘水波纹、莲花纹和亭阁纹，画工精细。

明宣德青花地矾红狮纹扁瓶

尺寸：45×8cm　藏家：薛金荣

唇口，长颈，扁圆腹，造型规整大方，胎质密实细腻，青花地发色纯正，矾红色彩浓艳，宝光内敛。颈部绘缠枝花卉纹，器身绘双狮戏风火球纹，画工精细，用彩大胆泼辣，画面气氛渲染浓烈。

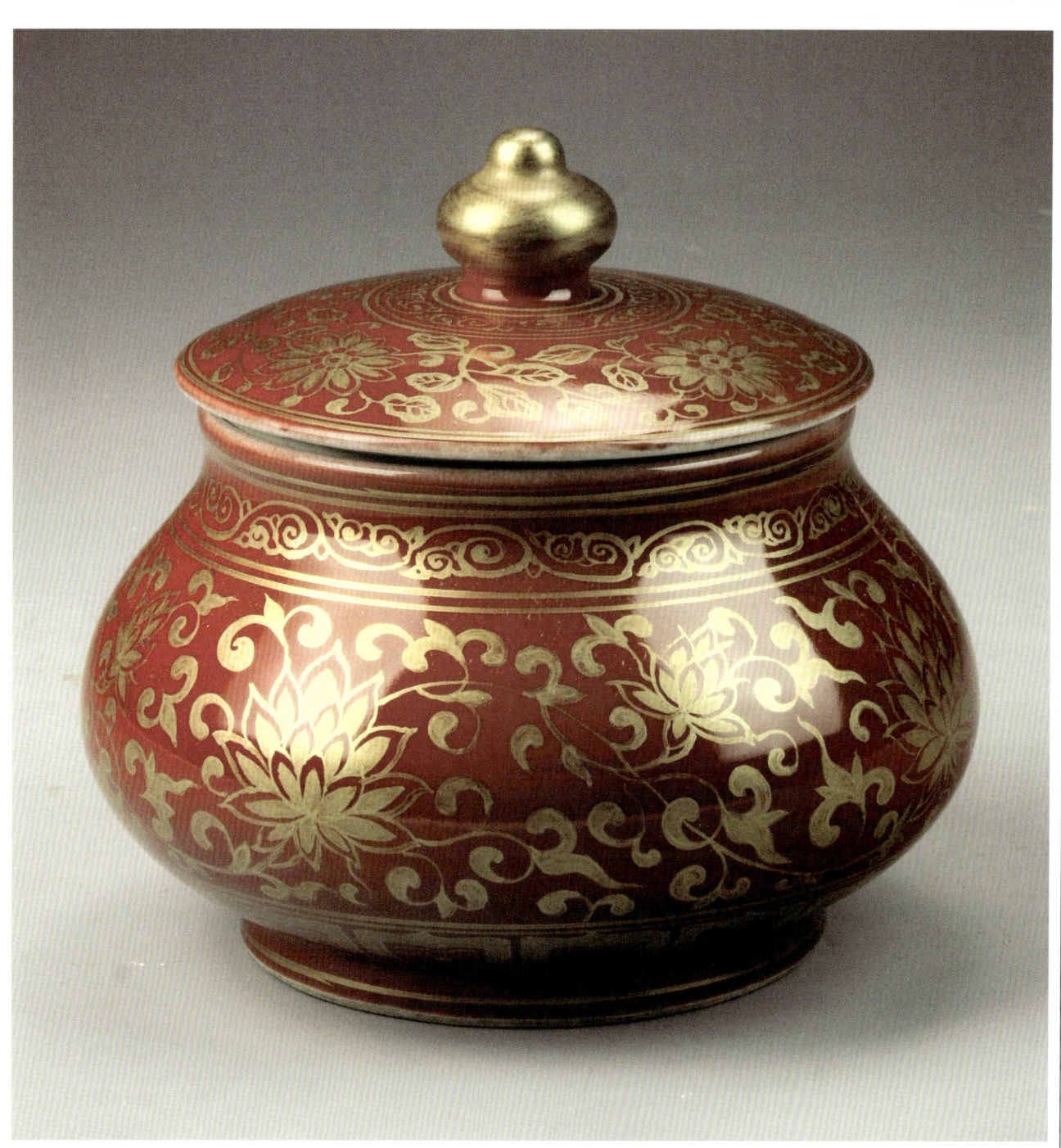

明宣德红釉地金彩缠枝莲花纹盖罐

尺寸：16×11cm　藏家：叶　利（深圳）

唇口，短颈，圆鼓腹，整器略矮。撇圆形盖有钮，制作规整。红釉面艳丽夺目，金彩富丽堂煌。罐盖绘缠枝菊花纹，罐身绘缠枝莲花纹，近足处绘仰莲纹，画工细腻精致，布局繁而不乱，疏密有致，雍容富贵。

古陶瓷精品

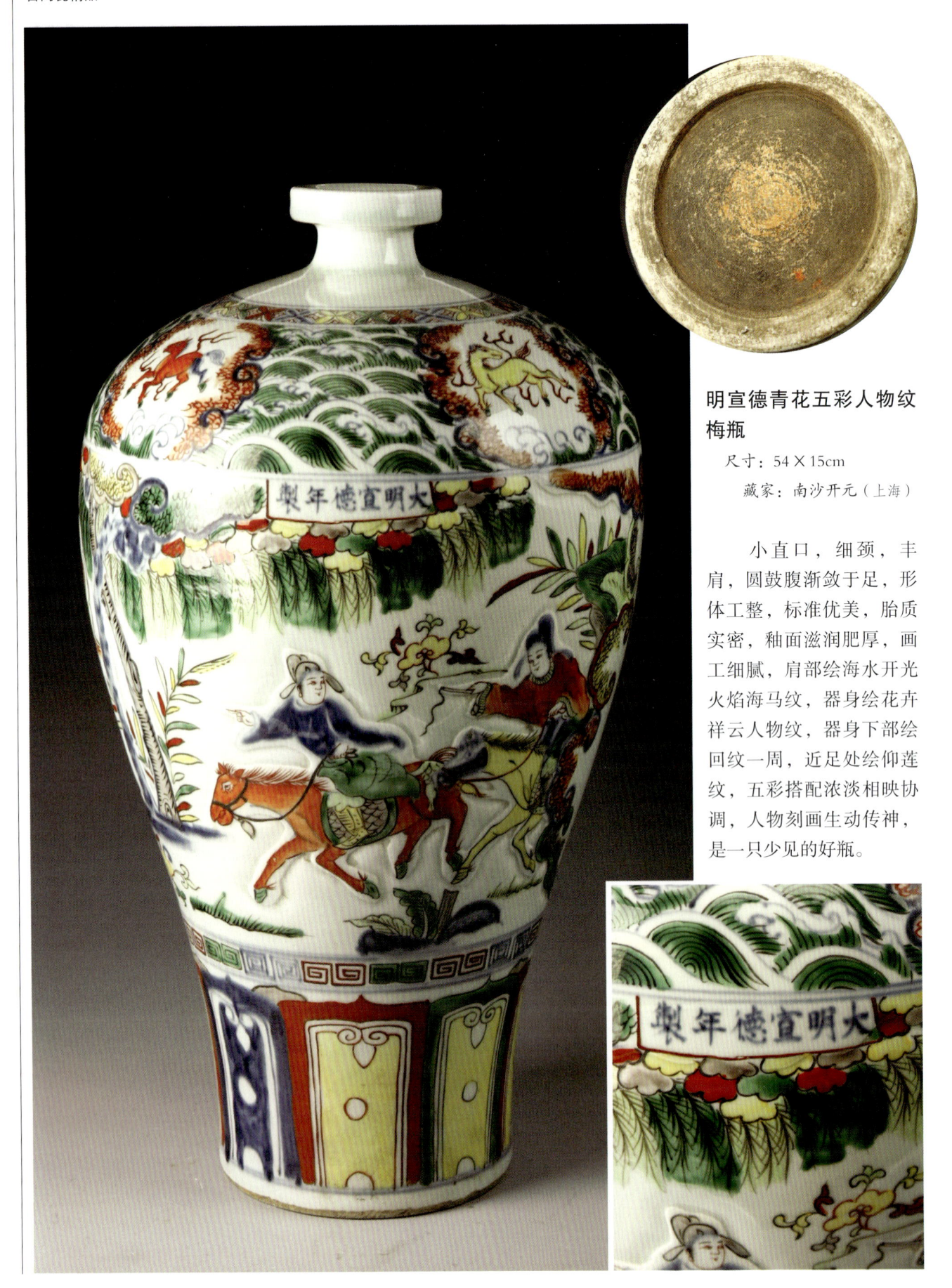

明宣德青花五彩人物纹梅瓶

尺寸：54×15cm

藏家：南沙开元（上海）

　　小直口，细颈，丰肩，圆鼓腹渐敛于足，形体工整，标准优美，胎质实密，釉面滋润肥厚，画工细腻，肩部绘海水开光火焰海马纹，器身绘花卉祥云人物纹，器身下部绘回纹一周，近足处绘仰莲纹，五彩搭配浓淡相映协调，人物刻画生动传神，是一只少见的好瓶。

6

明代景泰、天顺、成化时期

明代景泰、天顺、成化时期

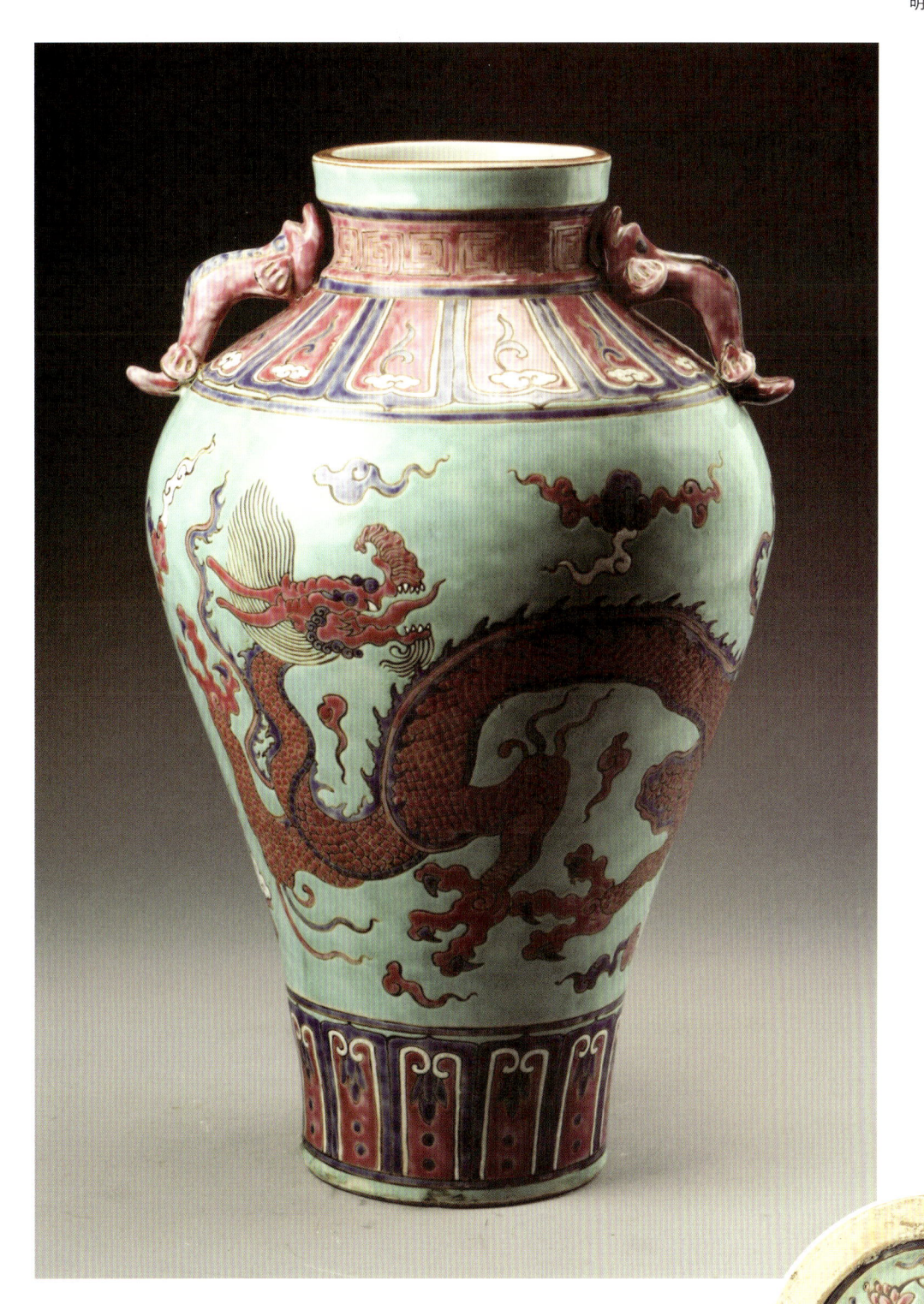

明·景泰

明景泰珐琅彩龙纹双耳广口瓶

尺寸：45×13cm　藏家：袁锦康（浙江）

广口，短颈，丰肩，圆鼓腹渐敛于足。肩部对称饰鱼形摩蝎双耳，一改盘口梅瓶的端庄俊美，显得丰满大气。盘口施绘珐琅彩一周，颈部绘回纹，肩部绘莲辨纹，器身绘祥云龙纹，近足处绘仰莲辨纹，画工精细，在上下纹饰的陪衬下，龙形更显威猛凶悍。

明·天顺

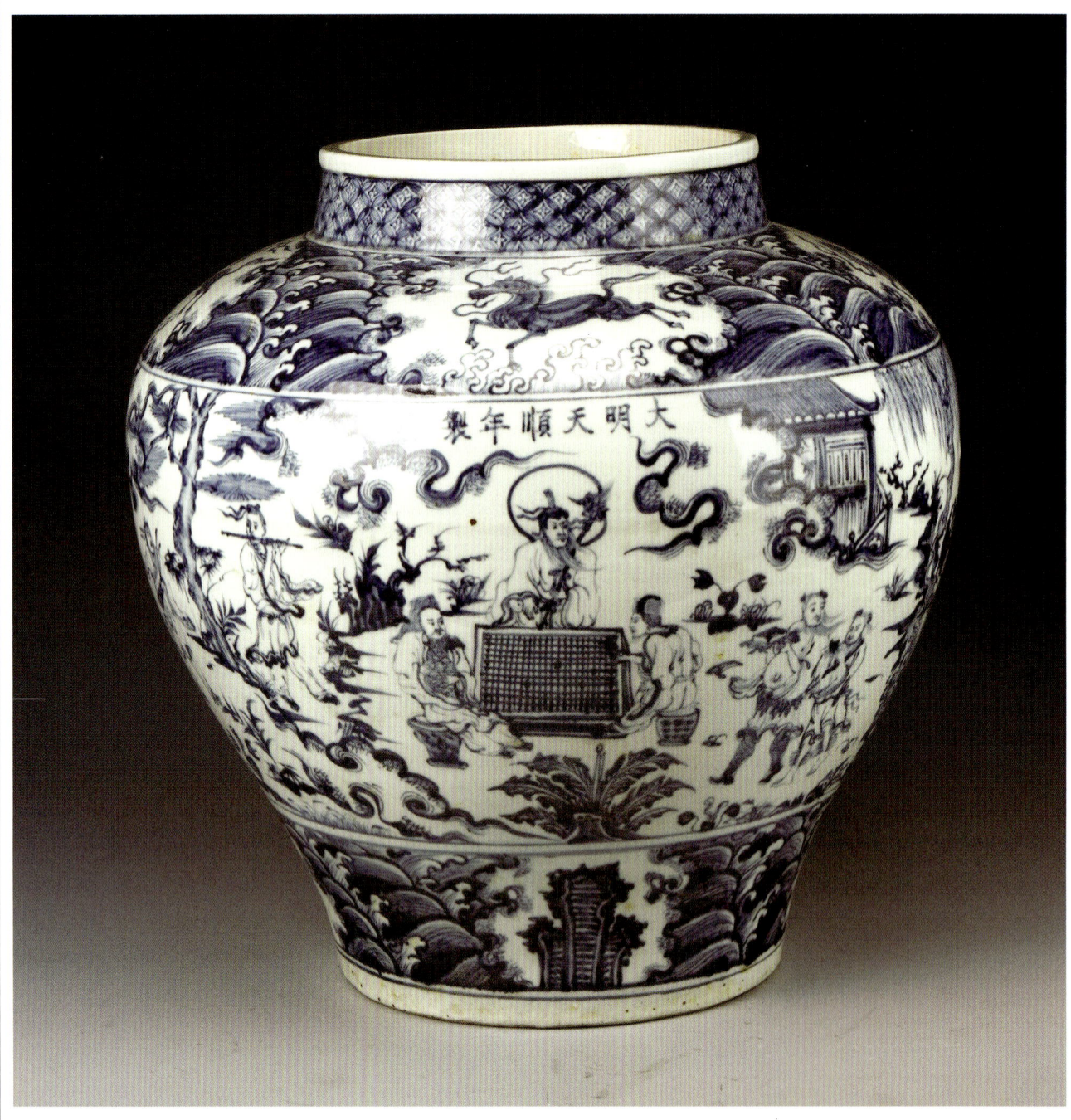

明天顺青花人物纹大罐

尺寸：39×20cm　　藏家：陈焕伦（广东）

唇口，短颈，丰肩，圆鼓腹，体态硕大饱满，制作规整。釉面滋润肥厚，青花发色纯正。画工细腻。颈部绘铜钱纹，肩部绘海水纹开光海马火焰纹，器身绘人物纹，近足处绘山石海水纹，通体青花画意，疏密有致，层次分明，人物刻画生动传神。

该罐的面世，一改明代正、景、天三朝无官窑器的说法，值得进一步研究。

明代景泰、天顺、成化时期

"大明天顺二年"款青花双龙耳凤纹广口瓶

尺寸：36×14.5×11cm
藏家：阚和民（江苏）

广口，颈成弧线有一凸，肩有一阶，丰肩，圆鼓腹渐收于足，颈肩处对称双龙耳，形体优美端庄，制作精湛。施釉肥厚滋润，青花纹式画工洒脱，凤纹飘逸张扬。如此画法的凤纹，惟清代晚期慈禧听政时的器物与其相似。

瓶底落款为"大明天顺二年宫殿赏珍"，或以为即天顺帝朱祁镇经"夺门之变"重掌皇权后为感激孙太后对他的支持而制。此瓶既是明代三朝空白期官窑之物，又是特定的历史事件的见证，实在堪称绝品。

明·成化

明成化青花婴戏纹大碗

尺寸：43×17.5cm　藏家：余　钧（浙江）

撇口，深腹内敛，圈足，器形硕大，制作规整。胎质洁白密实，釉色温润如玉，青花发色青灰淡雅，画工细致，童趣盎然。

明代景泰、天顺、成化时期

明成化斗彩描金龙纹瓶

尺寸：39×13cm

藏家：李连昌（贵州）

卷口，长颈，颈中略凸一周，丰肩有阶，圆鼓腹，撇足，器形俊秀端庄，制作精良规整，用料讲究，胎质密实，釉色莹润，宝光内敛，画工细致。颈部绘蕉叶纹、缠枝花纹，肩部绘海马纹，器身绘花卉、龙纹，色彩艳丽，搭配协调，纹饰疏密有致，繁而不乱。

明成化蓝釉留白龙纹盘

尺寸：22.3×4.5cm　　藏家：贾立生（上海）

撇口，唇边，浅腹，制作工整，胎质实密，蓝釉饱满肥厚。盘中底面留白，绘水藻纹、龙纹，龙纹苍劲有力，水藻纹漂浮动感十足。此盘留白工艺制作复杂，甚为精美。

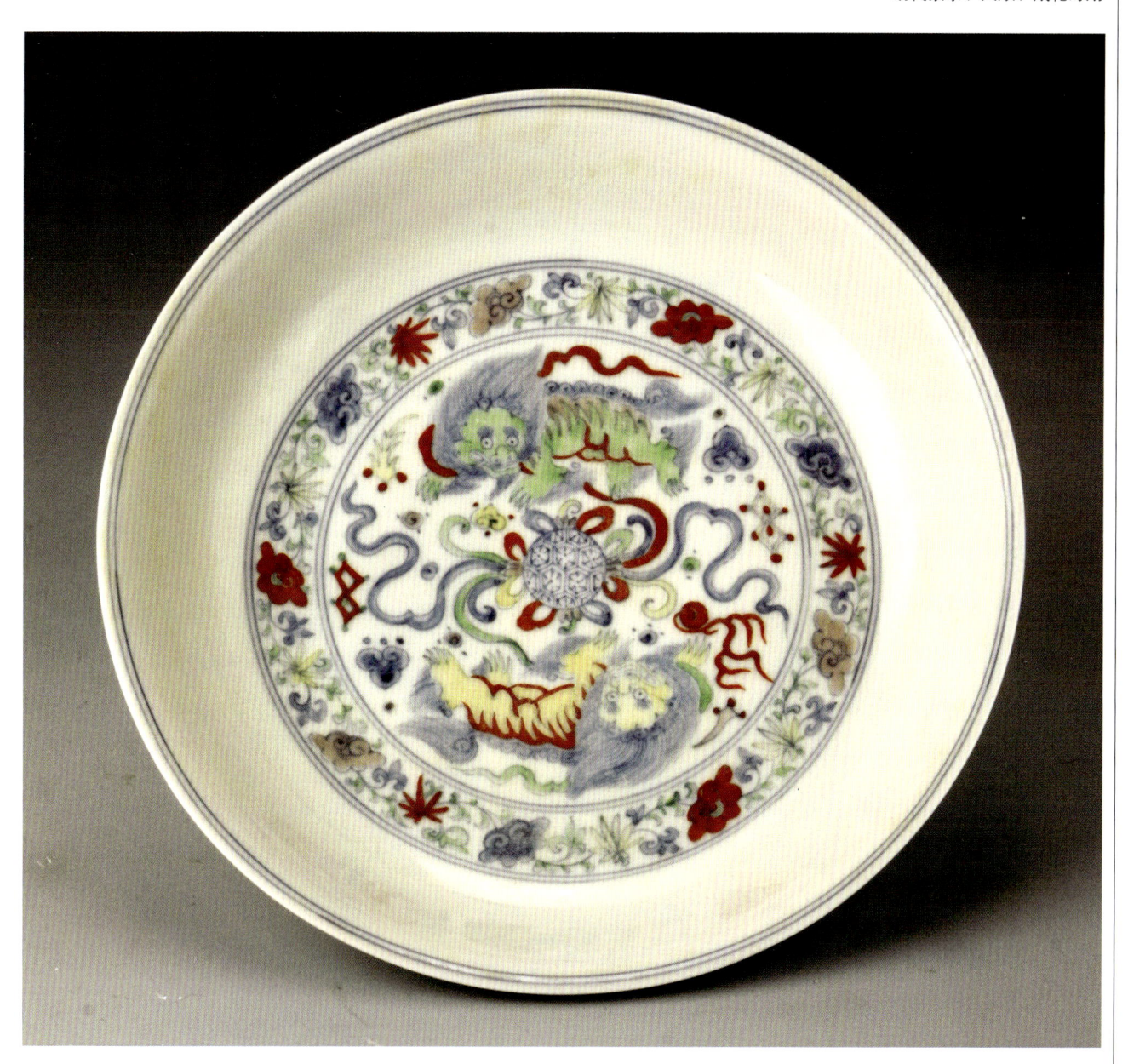

明成化斗彩狮纹盘

尺寸：23.5×4.8cm

藏家：张剑（江苏）

撇口，浅弧腹，圈足，胎质洁白细腻，釉色莹润，青花发色纯正淡雅，与釉上彩争奇斗艳，交相辉映。绿彩透黄，黄彩中微微泛绿，红彩鲜如滴血。外壁饰狮纹，内底面绘双狮戏风火球纹。此盘的胎、釉、色、工均堪称为成化本朝佳器。

明成化莲池鸳鸯纹小杯

尺寸：6.7×5cm　藏家：柏　麟（上海）

口略撇，深腹，圈足，制作规整，用料精良。胎质细白，釉面莹润，肥厚如脂，用彩鲜艳大胆。画面饰莲池鸳鸯纹，红彩所绘一对鸳鸯，在绿水荷池的衬托下格外艳丽夺目。

明代景泰、天顺、成化时期

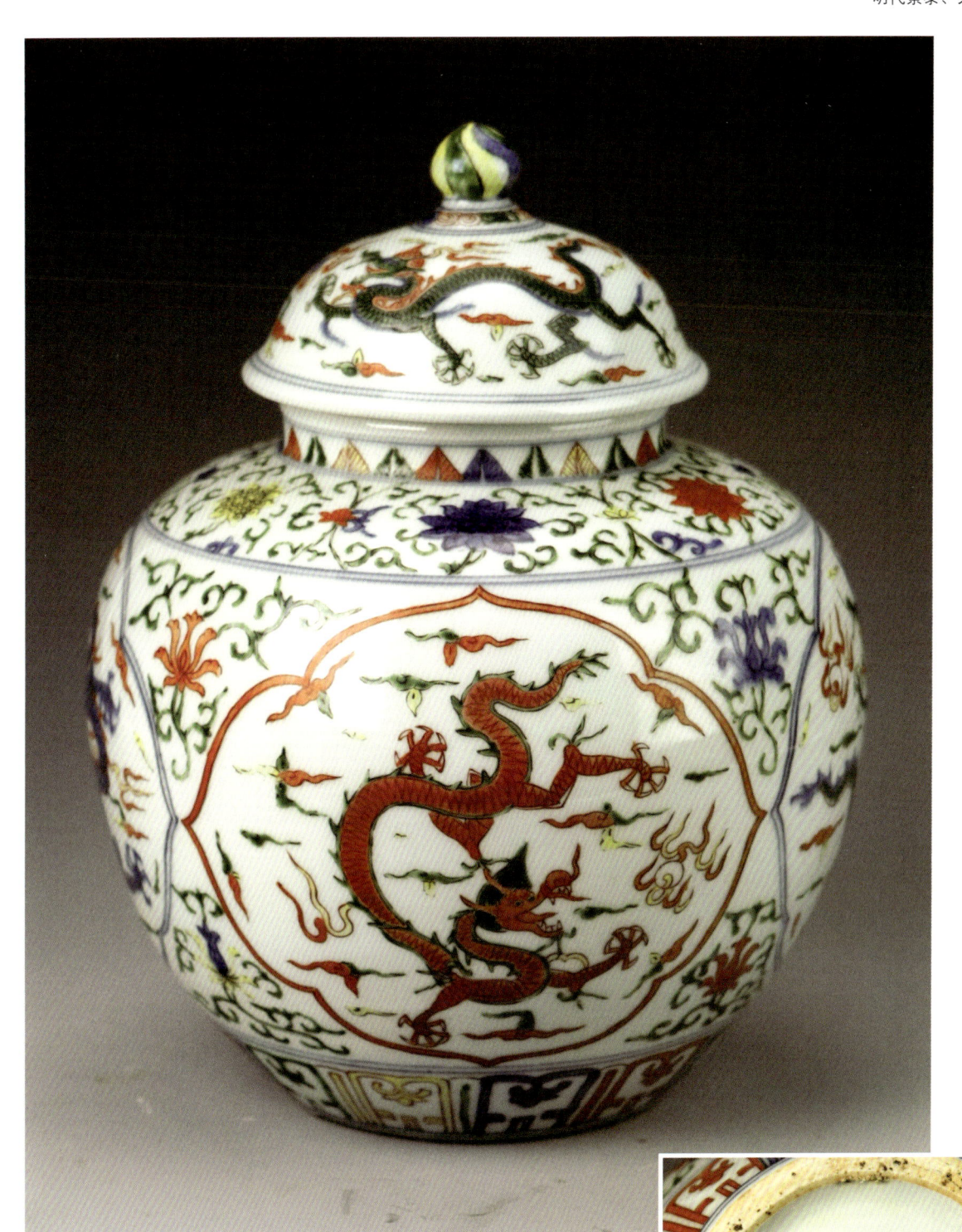

明代无款器物

明嘉靖青花五彩龙纹罐

尺寸：30×10cm　藏家：王 巍（上海）

撇圆形盖，盖有钮，唇口，丰肩，圆鼓腹渐收于足，器形饱满大气。胎质细密洁白，釉色莹润，青花发色纯正，五彩艳丽而协调。画工细腻，疏密有致，当为嘉靖官窑佳藏。

明永乐釉里红拨白雕瓷开光观音纹胆瓶

尺寸：40×13cm

藏家：缪玉明（江苏）

直口，细颈，圆鼓腹，圈足，造型优美端庄。胎体结实，釉面肥厚，釉里红发色深沉浓艳，拨白雕工细致流畅。开光中观音端坐海水龙身之上，广施梵音，祈福四海，佛意满身，宝光十足。

7

清 代

清康熙白地珐琅彩花鸟纹八方兽耳瓶

尺寸：50.5×26cm

藏家：蒯　超（上海）

康熙朝珐琅彩瓷多为色地，白地珐琅彩较为少见。该瓶为八方兽耳造型，比例协调，工整典雅，制作精良。画工层次分明，布局合理，疏中有密，密中透疏，色彩浓艳而雅致，花鸟栩栩如生，运笔精练流畅，在康熙珐琅彩器物中不愧为上品之作。

清乾隆粉彩龙纹抱月瓶

尺寸：51.5×9.8×38×9cm　藏家：许　明（上海）

直颈，口略撇，器身偏圆，饰以双龙耳，显得端庄大气。胎体细腻，釉色莹润肥厚，色彩运用大胆，五爪龙采用正红作色，充分表现了龙的威猛。又饰以云纹、绿色海水纹后，使得该瓶的整体画面动感十足。

清代

清雍正胭脂红珐琅彩雪景纹天球对瓶

尺寸：69×12cm

藏家：周超瑛

（浙江）

直颈，圆鼓腹，下部呈弧线渐收，造型雅致大方，色彩对比大胆，颈部的胭脂红色彩鲜艳，在莹润釉面的包容下，格外耀眼夺目，反衬出球部雪景的宁静，将主题画意与层次表现得淋漓尽致。此瓶造型、用彩、画工、画意及反衬法的应用，实为难得珍稀。

清乾隆金地西洋彩人物纹瓶

尺寸：50×18cm

藏家：周超瑛（浙江）

西洋彩是意大利人郎世宁等西欧画师带入中国，或境外来样由中国工匠画师制作而成的出口瓷器，因而得名。此瓶制作雍容大气，胎体密实，釉色肥厚，多层次的色圈衬托出开光西洋彩画面，把中国的皇家传统与西洋色彩巧妙搭配起来，恰到好处，是不可多得的中西合璧佳器。

清雍正轧道地开光珐琅彩山水纹双鹿耳尊

尺寸：36.5×14cm　藏家：汪国英（浙江）

尊，在瓷器样式中为上乘之型。此器直口，略外撇，曲线向外延伸，渐收成圆，造型大方优美，胎体结实紧密，釉面莹润，肥如堆脂，宝光十足，制作精良，线条流畅。画工细腻，用彩浓淡适度，画面层次和透视感极强。该尊给观者以恬静素雅而不失雍容华贵之感，堪称雍正时期的代表佳作。

清雍正珐琅彩开光人物纹六方瓶

尺寸：44.5×17.5cm

藏家：朱元超（上海）

一方抵十圆，方瓶的制作难度可见一斑。此瓶直口，内收成弧线，外延至肩部，造型优美规整，比例协调。胎体细密，用料讲究，画工、画意精细独到，在莹润釉面的包容下烘托出画面的滋润和油性感，把珐琅彩的特点表现得淋漓尽致。中国瓷器制作发展到清代雍正朝已是登峰造极，特别是珐琅彩器，更是前无古人后无来者。此瓶在清雍正珐琅彩瓷器中更是上品之作。

清代

清雍正斗彩花卉纹梅瓶

尺寸：21.5×8cm

藏家：缪玉明（江苏）

此瓶可称雍正朝瓷器代表作之一。斗彩因是两次绘画，两次烧制，制作难度甚高。雍正斗彩在传承明代成化斗彩的基础上，有了进一步的发展。该瓶集工、料、画、意、型优点于一身，虽尺寸娇小，但充分展现了中国瓷器的精髓，传世至今，实属难得。

清胭脂红珐琅彩山水纹文房用具五件套

藏家：陈立建（北京）

瓷器收藏中，文房用具为上品。此套文房用具品种齐全，比例适当，制作用料十分讲究，胎质细腻紧密，为典型的雍正时期糯米胎。釉面肥厚润泽，似油似水，宝光十足。画工精细，单色胭脂水彩运用恰到好处，深浅浓淡，层次感很强。各件均以珐琅彩绘制而成，确属难得。

清乾隆黄釉青花龙纹六方瓶

藏家：黄 震（浙江）

此瓶器型六方，撇口，细长颈略弧，颈中饰双耳，斜丰肩，器身渐收，足外撇，工料一流，型体端庄大气，画工精细，层次分明，中心突出，黄地青花威龙，更显皇家气派，一对难得。

清乾隆青花缠枝莲纹双螭龙耳扁瓶

尺寸：高52cm

藏家：许 明（上海）

8

附 录

中国民间收藏家古陶瓷鉴赏

阙和民

中国陶瓷是伴生在中国历史发展的悠悠长河中，收藏古陶瓷就是收藏历史。中国民间收藏家用他们的智慧和激情，将我们祖先灿烂的宝贵遗产，尽其力量收藏保护了起来。这套"中国民间收藏精品丛书古陶瓷精品"的出版发行意义非凡，她弘扬了中国古陶瓷的辉煌历史，也展示了中国民间收藏家高尚的爱国情操，充分地说明中国民间收藏在健康蓬勃地发展。

改革开放的30年里，全国兴起大开发、大建设。我们的国家以极大的热情和朝气，召唤着国人投入到了这场伟大的国家建设中去。大开发、大建设的同时也唤醒了深藏于地下千百年祖先的宝藏，她们受中华后代子孙的感召，纷纷面世，将祖先的伟大发明，伟大创造，伟大智慧，华彩无比、精美绝伦的文明文化艺术展现在了世人面前，让我们子孙后代为之赞叹、为之骄傲。这套丛书是中国民间收藏家的藏品丛书，本文将结合书中的精美藏品，论述民间收藏家对古陶瓷的收藏和鉴赏。

汉代瓷器的收藏与鉴赏

中国在商周时期，就出现了低温釉的原始瓷器，发展到了西汉时期原始瓷器已趋成熟。东汉中晚期瓷器生产已完全成熟，真正意义上的瓷器诞生了。瓷器的演变发展到了汉代有了质的变化，可以这样认为，汉代瓷器在中国陶瓷演变发展中具有分水岭的标志性意义。我们至今所见到的汉代陶瓷真品，基本为出土器物，秦汉时期盛行墓葬、重葬、陪葬之风，仅东西汉诸侯国就达60个之多，各地达官贵人、王侯将相在他死后盛葬、重葬，他们将死视为再生，梦想着到另一个极乐世界，也能过着和生前一样的奢华生活，都按生前等级，建筑墓葬规格，陪葬品也按等级入葬。

书中收录的汉代瓷器仅有两件，汉代绿釉镇墓神兽，就是一尊为帝王镇守陵寝的"天禄"神兽，镇墓神兽分"天禄、麒麟、辟邪"，"天禄"和"麒麟"是为帝王镇守陵寝的，而"辟邪"是为侯王将相镇墓守陵的。此件"天禄"神兽是中国西汉时期典型的绿釉原始瓷器。胎泥还不实密，烧结温度不高（800℃以下），烧成后会有气孔和一定的吸水率，釉水是单配方的石灰釉，釉中添加了1.3%以内的氧化铜为呈色剂，以氧化铝为助熔剂。此件"天禄"神兽身形刚猛、神态威严，浑身披挂绿釉，绿色碧翠，色感极好，两眼目光如炬，昂首、挺胸、撅臀，通体透出了帝王身边的傲慢和霸气。

另一件汉代跪人青瓷灯,是中国最早真正意义上的瓷器精品,烧造时期是在东汉的中晚期,胎泥的制作已很精细,合模成型规整、工艺精良,石灰釉中添加了3%以内的氧化铁作为呈色剂,在1280度的还原釉中烧造成功。此件汉代跪人青瓷灯,人物神情刻画生动,双腿跪地,手执灯盏,表情卑谦、顺和、面目清秀,叩之音色悦耳,釉面包浆滋润,釉色青亮,好似秘色,是一件汉代青瓷的绝佳代表之作。

从这两件器物上看,均是帝王赔葬所用器物,一件为帝王陵寝甬道门前的镇墓神兽,一件是帝王陵寝室中的陪葬用器。在汉代烧造瓷器虽没有官窑和民窑之分,但从这两件器物上看,从她们的精美程度分析,完全可以认为这是专为帝王陵寝墓葬定制烧造的陪葬用品,代表了汉代时期瓷器制作的最高水准。

唐代瓷器的收藏与鉴赏

瓷器发展到了唐代,制瓷业得到有效的发展和兴旺,当时国家因货币交流的大增,需要大量的铜来铸造货币,民间实行禁用铜器,提倡使用瓷器,这就更加激发了瓷器的创作与生产,使得制瓷业一路兴旺向上。唐代白瓷制作的成熟,鲁山黑釉瓷的出现,彩花瓷的创烧,越窑青瓷的升华,唐三彩的问世,等等,都为以后瓷器制造的稳定发展打下了坚实的基础,特别是对宋代各大名窑瓷器的兴起,起到了至关重要的开创和引领的作用。

唐三彩瓷的创烧问世,更是唐代瓷器光辉的真实写照,当今人们只要提到唐代的瓷器,首先提到的就是唐三彩。盛唐时期,国力强盛,艺术创作十分丰富,彩色作画非常盛行,画圣吴道子引领唐代画风,称吴带当风,皇室壁画、庙宇壁画、墓室壁画等等大量彩画的创作涌现,对瓷器的彩绘创作产生了极大的影响,在这样的大环境下,唐三彩应运而生。色釉的应用东西汉时期已较广泛,三国东西晋时期已出现了釉下彩绘瓷器。

本书中收录了数件唐三彩器物,件件精美绝伦,代表了唐三彩陶瓷制作的最高境界。唐三彩丝绸之路组雕,这件组雕虽经千年沧桑,已是斑驳,将她摆放面前,作品的意境让观者震撼,她把历史的沧变、岁月的更迭,用石与火的艺术,完美地表现了出来,她是一组唐三彩瓷雕,然而更是一幅反应古代丝绸之路上的开拓者们用他们的双腿,以坚韧不拔的意志,战胜各种艰难险阻,历经坎坷艰辛,跋涉沙漠,为了民族间的相融相通,将中国的文化和特产传播向世界的历史画卷。此组瓷雕,人物神形的刻画和骆驼形体的刻画,极为细腻传神,做工尤为精湛,色彩非常的协调,人、骆驼、沙漠三者好似混然一体。当年的作者将人和大自然的美,淋漓尽致地表达了出来,已达到了超凡脱俗的境界,唯大家才能创造出如此的旷世之作。

另一组唐三彩打马球瓷雕,经历了千年岁月侵蚀,更是显得斑剥。但她表现的意境和场景,却是一幅祥和而热烈的画面。唐代是中国历史发展过程中最为鼎盛、富足,生活安逸的一个年代,这对打马球的女娃娃神态和肢体的表现,把那个年代人们的思想和情趣逼真地表达了出来。马球是一种对抗激烈、在唐朝盛行的一种竞技和娱乐的体育项目,从这对女娃娃打马球的身姿,我们可以看出打马球在唐代已是很普及,也表现了唐代人民生活安定,富裕而又激情。此组打马球唐三彩瓷雕的作者,独具匠心,在将人和马的做工之高精,刻画之细腻的同时,通过人和马的意境和场景的表达,将我们带入了那个富裕而又激情的年代,那场情趣盎然的马球比赛,让我们后人不得不为先人们对美的创造、美的追求、美的享受而折服、敬佩。

"九秋风露越窑开,夺得千峰翠色来。"这是唐代诗人陆龟蒙(秘色越器)诗词中,赞美"秘色瓷"的诗句,读到这里便知,下面要论述的是民间收藏家对"秘色瓷"的鉴赏。"秘色瓷"在陕西法门寺出土之前,人们看待她就像她的名称一样，神秘莫测，当她从法门寺出土后，撩开了她神秘的面纱，终于露出了的庐山真容，原来她就是越窑青瓷中的优级产品，在诸多青色中，她青翠欲滴，高雅富丽。

青瓷是我国瓷器中最古老的瓷种，可以称着是中国瓷器的鼻祖，早在3000多年前的商周时期，就出现了最早的"原始青瓷"，发展到秦汉时期原始青瓷已趋于成熟，到了东汉中晚期中国真正意义上的瓷器诞生了，她就是越窑青瓷，在当时诸多地区所产青瓷中她极为出色，可谓是鹤立鸡群，冠于她中国瓷器鼻祖之称，当之无愧。秘色瓷诞生在盛唐至五代时期，她是在原始青瓷到东汉真正瓷器的深厚铺垫下，一路发展过来，来到盛唐时期，国力强大，各业兴旺，她几乎和唐三彩一样，在这样的大环境下，"秘色瓷"应运而生。

五代十国时期，吴越国钱氏诸王，有效地治理国家，使得吴越百姓生活安定，经济发展，但终因是小国，为保一国平安，国家将吴越的特产越窑青瓷，大批量地进贡给北方大国，并选出精品"秘色瓷"上贡给强国国王，因此，"秘色瓷"民间"庶民不得享用"，"秘色瓷"从此神秘起来。

到了南宋，由于都城南迁，当时的都城"临安"（今杭州）和陪都绍兴（1131—1138年南宋政权在绍兴），因王侯显贵、达官贵人大批地涌向吴越之地，对越窑青瓷的需求量大增，又一次地刺激了越窑青瓷的生产。产量虽大，但因国力渐弱，其质量大大地下降了，甚至出现了粗制滥造。当时的吴越地区，窑口遍布，昼夜不停地烧制瓷器。到了晚上，方圆百里，窑火通明，似火海一般，吴越地区山林树木被竞相砍伐用作烧窑，最后林木被砍伐殆尽，越窑无柴可烧。随着南宋天子卫王赵昺投海自尽，越窑青瓷也和南宋朝廷一样，走到了末路。

"秘色瓷"的神秘高贵和她的精心制作的过程密不可分。"秘色瓷"是青瓷中的极品，秘就是秘在她的色上，青瓷的色釉主要以氧化铁为呈色剂入釉，氧化铁的用量要控制在3%以内，氧化铁的用料比例高，色则会深。施釉的厚薄对成色也有关系，薄则色淡，厚则色深，烧造的过程非常重要。要经过氧化、还原、冷却降温三个阶段，在这些制作烧造过程中，有一道出现了偏差，对"秘色瓷"的成色都会产生较大的影响，必须是几好合一，才能出现极品，成为"秘色瓷"。越窑青瓷的制作五代十国期间还吸收了北方窑口的刻花、划花、堆塑、浅浮雕等工艺，更加丰富了越窑青瓷的工艺和观赏之美。

本书收录五代十国时期"秘色瓷"一件，她是五代越窑秘色蒜头瓶，无论从外形、釉、工上来说均属上品之作，釉面润泽，包浆肥厚，釉色青中泛绿，如荡漾的湖水一般，积釉处更显翠色，似山林倒映水中，好一幅"九秋风露越窑开，夺得千峰翠色来"，如此美不胜收。器面精工刻划，蒜头瓶肩部单刻海水纹，器身牡丹花卉更是单刻和双刀壹划，两种刀法结合，刀刀见功，刀下生辉。通观整器，比例协调，线条柔和顺畅，形态丰满，极富唐代风韵。

宋代瓷器收藏与鉴赏

宋代瓷器在我国陶瓷发展历史中又是一个繁荣的，百花争艳的时代，历史结束了五代十国的各地分割的混乱局面，进入了一个大统一的兴旺发展的朝代。宋代是一个重文轻武的朝代，在这种指导思想的影响下，首先国家对军备投入减少，而转向了经济民生的发展。文化艺术也得到了很大的升华，文风渐起，文人日益活跃。北宋时期的经济发展，文化艺术的繁荣，社会各阶层人士对文化艺术的享受、对生活质量的重视，使得整个社会的精神和物质需求迅猛增加。瓷器作为当时生活的主要用具，又是观赏和收藏的主流艺术品，首当其冲地得到重视和发展。

宋代的瓷器在大环境的影响下，可谓是百花齐放，百家争鸣，全国各地都有窑场窑口在生产瓷器，在众多的窑口体系中，当数五大名窑最为出色，即官、哥、汝、定、钧，这五大名窑代表了宋代瓷器生产的最高水平，被后人代代推崇和珍藏。

五大名窑瓷器的鉴赏

宋代五大名瓷中的官窑瓷，创烧于北宋后期，专供官府宫廷之用，由官府直接管理，并在都城汴京（今开封市）附近设立窑场，烧造称之为汴京官窑的瓷器。官窑瓷器色釉多种，主要色分有油灰、米黄、粉青、月白、天青，天青色为最佳。北宋官窑受汝窑的影响，有釉水裹足，支钉烧造，釉层较薄，釉面莹润，有纹线开造片，纹线走向自然。南宋朝廷南迁，在杭州凤凰山设立修内司官窑，后在乌龟山郊坛下设立新官窑，制作上已是露足，石灰碱釉的应用，使得釉面肥厚饱满，更为透彻晶莹，因胎土使用的是含铁重的"紫金土"或称为乌泥，器口釉薄处和底足露胎处称之为"紫口铁足"，器面开片自然，纹线色为鳝鱼血色为最佳。本书收录的南宋官窑贯耳六方，器形沉稳凝重、大方，紫口铁足，釉色粉青（已近月白），釉层丰厚，气泡多叠，釉面润泽，包浆肥厚，开片纹线自然，富有规律，美不胜收。

哥窑瓷器在宋代各瓷中占有重要的地位，因其窑址至今未被发现，使得人们对哥窑瓷器，均带有神秘感，更显得哥窑的珍贵。对于哥窑窑址的说法众多，较有说服力的是，北宋哥窑应是北宋官窑和汝窑的产品，特别是和官窑的胎釉接近，只是"金线铁线"较官窑明显。也有说法是因黄河改道淹没了哥窑窑址，这将成为千古之谜。而南宋哥窑窑址被说成是南宋修内司官窑，但此说法还有待最终的考证。哥窑瓷器距今已有800多年的历史，器物釉面会有厚重的包浆，仔细观察可看出，铁线是由外向里渗透。传说哥窑当初是因为烧窑时出现了偏差失误而形成的残缺美，因此哥窑产生了。哥窑瓷器在窑中烧成以后，未等完全冷却，拿出窑外，遇空气后釉面产生炸裂，立刻将釉面炸裂的瓷器浸入事先调配好的草木灰浆中，使得草木灰浆渗透到裂缝中，裂缝遇冷闭合，将草木灰永久地留在了裂缝中，铁线产生了。金丝纹线是经过久远的岁月，由胎内向外渗透而成，金丝铁线使得哥窑瓷器更增加了几分美色，也是哥窑瓷器的重要特征。本书中收录的哥窑贯耳瓶，器形古朴、规整，为仿青铜器型制，长直胫对称饰双贯耳，用料讲究，胎体结实如铁，釉色为米黄色，釉面莹润，包浆肥厚。金丝铁线非常明显，紫口铁足。此器将哥窑瓷器的优点、特点均展现出来。

汝窑器是宋代五大名瓷之一，有将汝瓷称为宋代五大名瓷之首。汝窑作为官窑御用瓷是在北宋晚期徽宗年代，在这之前官窑御用瓷为定窑瓷器，因徽宗赵佶的审美倾向，"弃定用汝"。因此在徽宗当朝的20多年里，汝瓷作为官窑御用，生产了20多年。有说法汝瓷只生产了20几年，存世量稀少，我们民间收藏家经过对汝窑器的生成年代和历史的研究，认为这种说法是错误的，对收藏汝瓷产生严重的误导，带来灾难性的后果。徽宗赵佶所喜爱的汝瓷，决不会因他的喜好而横空而出，在他当朝时突然冒出个汝瓷来，其一定是有连贯性的生产。实际是汝瓷创烧于唐代早期，汝瓷的生产历史贯穿整个唐宋时期，近500年窑火不断。唐代时期临汝地区的汝州、宝丰、鲁山等地区，适合做瓷器的石土资源丰富，森林树木繁茂，方圆百里，窑口林立，窑火连片，汝瓷是在当时众多的品种中，产品优良。在汝州地区的唐墓中就发现了汝瓷碗，1988年在鲁山县段店古窑址中发现了天蓝釉破碎的汝瓷缸，属唐代早期产品。在北宋时期汝瓷生产已很成熟，并有大量民窑在生产，其中的天青色好似雨过天晴般的美色，正好迎合了徽宗赵佶的审美口味，即弃定用汝，使得汝瓷在北宋末期走向辉煌。但仅20多年后，随着朝代的更迭，北宋灭亡，有着数百年生产历史的汝瓷也逐渐衰退。

汝瓷在数百年的生产中，数量巨大，品种繁多，色彩丰富，汝瓷的胎质细腻且多为香灰色，釉色亮丽稳重，色有卵白、天青、粉青、虾青、葱绿，天青为贵，粉青为上，更有天蓝色难能可贵。汝瓷釉中有玛瑙研磨后加入，配方独特，真品汝瓷釉面在高倍镜下可见玛瑙结晶。年代久远釉面多会产生细纹，如蝉翼蝇翅一般。汝瓷多以釉裹足，支钉烧造，支钉痕小如芝粒，细如针孔，汝瓷因烧造年代久远，所产品种和特点不尽相同，也有露足的汝瓷。

本书收录的汝瓷为青灰釉花瓶，此件汝瓷，形体端庄秀美，釉色青灰，显得沉稳凝重，釉面温润古朴，沉静雅致，釉光内敛，包浆滋润，青釉面可见细微开片，如蝉翼一般。观察釉下有玛瑙结晶闪亮，似夜幕繁星，美轮美奂。此件器物露足烧造，充分的说明了汝瓷生产的多样性。

定窑瓷器的生产始烧于唐代后期，五代十国时期已经成熟，成为北方主要窑系，为五大名窑之一。定州窑位于河北曲阳县境内，宋代称定州，因此而得名。定窑主要生产白瓷，兼烧其他色彩的瓷器，如黑釉、酱釉（紫定）、红釉，绿釉等，"有定州花瓷瓯，颜色天下白"之美誉。定窑生产的白瓷最为著名，因质优市场需求量大，为增加产量定窑创造了覆烧法，因覆烧法使得瓷器的口沿无釉，称为"芒口"，于是部分精品用金、银、铜将无釉的口部镶包起来，被称为"金装定器"，这样的美器多供皇室官府之用。定窑瓷器有很多用金彩饰面，定窑的工匠创造了用大蒜汁为粘结剂调金描绘画面。定窑的装饰工艺多为刻花、划花和印花工艺，使得瓷器的艺术效果更为美观，定窑作为北方主要的制瓷体系，对我国的制瓷业产生了深远的影响，创造的覆烧法和大蒜汁调金绘彩，至今在一些地区仍被沿用。

书中收录宋代定窑瓷器数件，件件精美，其中红定净瓶，在定窑器中尤为出众，此件器物造型俊秀、端庄，细长口长胫上装饰一鼓盘，丰肩，肩部有一兽形流，做工精细，用料讲究，胎质细密，整器满施红釉，釉色红艳莹润，包浆肥厚，腹身绘以金色花卉以绿叶陪衬，以红釉地点缀金花绿叶，显得活泼耀眼，加之肩部和器身下部配以印花叶纹的装饰，更是优雅。

入窑一色，出窑万彩，这是对钧窑瓷器神奇窑变的绝佳赞美，也正因为钧窑瓷器窑变神奇独特，被誉为宋代五大名窑之一。钧窑在唐代彩花瓷的基础上延续发展起来，初烧于唐代晚期，兴盛于北宋，继烧直到元代，前后长达数百年。在北宋时期，宫廷在钧窑产地河南禹县设立官办的御用瓷窑，烧造钧窑瓷器，除了御窑在烧造钧瓷，民窑烧造钧瓷也很广泛，从河南影响到了周边地区，扩大到了河北、山西等地区，形成了规模庞大的钧窑体系。钧窑对中国制瓷贡献巨大，特别是窑变釉和铜红釉的创烧，使得钧窑瓷器名声大振。钧窑铜红釉氧化铜的配方十分讲究，对窑温的烧成气氛也非常的敏感，稍有不慎，就会造成偏色。红釉的窑变品种也丰富多彩，有朱砂红、海棠红、鸡血红、茄皮紫、玫瑰紫，等等，钧窑以红釉名贵，其他色釉也毫不逊色，如天青、天兰、月白等色，使得钧瓷窑变釉更加丰富多彩。钧窑瓷器在中国制瓷历史中，宋代的钧瓷工匠们发挥出极大的创造力和想象力，为中国瓷器添色增彩，把色彩的奇幻在瓷器上发挥到了极致，将人们对色彩的视觉美，带入到了梦一般的境界。

本书收录了一件钧窑瓷器，钧窑玫瑰紫花口洗，该钧窑器造型优美，型制独特，六瓣菱口型，侈口宽边，圆腹身渐收于底，配如意三足，端庄、雅致，器物口沿至外壁施玫瑰紫釉，器里施天蓝窑变釉，器里器外釉色对比强烈，色面丰满，窑变奇幻，兹润肥厚，器里可见"蚯蚓走泥纹"，器底和足施酱釉局部已呈蟹壳青色，有编号五字，该器无论是造型、釉色均称得上是一件钧窑瓷器的佳作。

宋代五大名窑以外还有很多著名的窑口产地，各有特色，如陕西的耀州窑、河北的磁州窑、浙江的龙泉窑、江西的吉州窑、福建的建窑等等。陕西的耀州窑在唐代为唐三彩的主要产地之一，唐代称黄堡窑，宋代后称耀州窑，所产瓷器十分丰富，是北方青瓷的主要产地，耀州窑以划花、刻花、镂雕、贴塑等工艺而著称，在中国瓷器生产中占有重要的一席，也是我国最大瓷场窑系。宋代定窑的刻花、划花，受其横向的影响很大。

河北的磁州窑创烧于北宋中期，为我国北方重要的窑场民窑体系，其主要以生产白釉、釉下黑彩、褐彩、红彩釉下彩绘等品种而闻名。也有划花、剔花等工艺，因胎体较为粗重，为了达到粗瓷细作，大量地使用化妆土，使得胎体表面细腻洁白，对我国以后的釉上彩绘瓷器产生了深远的影响。

建窑位于福建省建阳县，是宋代南方著名的特色窑口，其烧造的黑釉瓷、兔毫瓷、鹧鸪斑、油滴和曜变瓷最为出名，在中国制瓷特色工艺上占有重要的一席。宋代兴饮茶，都以能用建窑茶具为荣。建窑各种特色产品，因其工艺高超，被当代和后代的收藏者一直视为收藏中的精品。

江西吉州窑的产品和建窑的产品有着异曲同工之处外，都在黑釉上作出了特色的工艺，而吉州窑的工艺更为独特，将剪纸和木叶作为艺术图案，以黑釉为地，烧结在器物的表面，产生的艺术效果让人不可思议，试想一件吉州窑的木叶纹茶盏斟上清澄的茶水，随着茶水的波动，盏中的木叶也随着晃动，给饮茶者带来莫大的享受和新奇感。

浙江省龙泉窑的龙泉青瓷，产于北宋时期，是在越窑青瓷的基础上发展起来的。特别是南宋后期，随着越窑青瓷的日渐衰落，大批的越窑青瓷工匠来到龙泉，使得龙泉瓷器生产的质量有了很大的提高。特别要提到的是，在中国制瓷的历史中，龙泉窑工匠率先使用了二元配方的石灰碱釉。因原先的石灰釉粘度差，只能施薄釉，施釉厚了烧造温度高后，会产生流淌，而石灰碱釉粘性提高，解决了这个问题，使得釉面更加光润肥厚。在这些技术提高的条件下，龙泉在南宋时期生产出了粉青和梅子青龙泉瓷的优质精品。中国青瓷经过3000多年的发展演变到了南宋时期，在制瓷工匠的创新和创造下，发生了质的变化，使得龙泉瓷器享誉中国，走向世界，被后人代代推崇和珍藏。

元代瓷器的收藏与鉴赏

元代瓷器在宋代瓷器的基础上进一步地发展，特别是元末至正年间中国制瓷业有了很大的提高，生产出了品种繁多、色彩斑斓、数量巨大的日用和观赏瓷器。我们民间藏家认为，为了更好地收藏和鉴赏元代瓷器，首先要了解元末至正年间，中国人民反抗阶级和民簇压迫最后取得胜利的那段历史。

元末至正年间残酷的阶级和民簇压迫，加之天灾，使得民不聊生，民怨四起。至正四年黄河两处决堤，哀鸿遍野，生灵涂炭，劳苦大众生活在水深火热之中。至正四年黄河决堤，直到至正十一年元朝廷才派员治水修堤，调集十五万民夫治河，由于民众大量集聚，再加上官场腐败，朝廷混乱，激起民愤，于至正十一年起，全国各地有数路起义军反抗元朝统治揭竿而起。明代开国皇帝朱元璋率领红巾军于至正十六年，打下集庆（今南京），至正十七年攻占徽州，至正十八年攻占婺州，至此江南一带均在起义军的占领之下（元代安徽南部和江西统称为"江南府"）。

朱元璋于至正十八年听取婺州开明人士唐忠实的建议，为减轻百姓的负担，不再向百姓征粮，军队自己屯田开荒，兴修水利，种植粮食，仅用了一年就做到了军队粮食自给，同时在控制管辖区域内的各州县，一面减少百姓的赋税，使百姓得以修养生息，一方面大力发展经济，设立盐法局，制定茶法，建立宝源局铸造钱币，这一系列的措施，使得经济发展，各业兴亡，得到了广大百姓的大力拥护。

我们回顾这段历史，清楚地看到至少在至正十三年到至正十七年江南江西一带已成为起义军的根据地，至正十八年那里的人民大众已得到彻底的解放。在这一时期，元朝的政令、军令在那里如同废纸一样。

备受阶级和民族残酷压迫的当地人民如重获新生，他们想做什么、生产什么，都按自己的思维和审美方式来进行了。以景德镇为中心的江南一带制瓷工匠们，在这样的大历史背景下，发挥出了极大的、前所未有的创造热情，把中国当时的制瓷业推向了一个新的高峰，创作出了包括元青花在内的让后人叹为观止的精美瓷器。

书中收录了元代瓷器80余件，件件精美，件件到代，其中有苏麻离青发色沉稳艳丽的元青花人物大罐和元青花龙纹梅瓶，有精彩漂亮的五彩八棱葫芦瓶和发华彩八棱塔瓶，更有和江苏扬州博物馆镇馆之宝一样的蓝釉留白龙纹梅瓶，等等，都代表了元代制瓷艺术的最高水平，这是我们祖先创造的灿烂的中华文明，是留给我们子孙后代丰厚的精神和物质财富。

明代瓷器的收藏与鉴赏

明代是中国瓷器走向全面完善、全面提高升华的一个年代，从明代起中国的制瓷业结束了中国各地窑口分散、制瓷体系众多的局面，而以江西景德镇为中心的制瓷业，独占鳌头，日渐辉煌。

明代的制瓷业在唐、宋、元制瓷基础厚实的铺垫下，在前朝制瓷成就的引领下，发扬光大，使得景德镇成为中国乃至世界的瓷都。明代的瓷器制造可谓是精品辈出，名冠天下。从有着王者之气美誉的洪武时期的釉里红，到甜静素雅的永乐时期的甜白釉瓷，都是极富盛名；永宣时期的青花瓷将中国的青花瓷更趋完美，更加光彩夺目。永宣时期的强盛在瓷器制作上也充分地体现了出来，瓷器制造上追求完美和多样性的创新，永乐的青花描金，宣德时期的青花五彩、色地三彩、黄地青花，各种色釉的华彩缤纷，可谓是百花齐放，百家争鸣，使中国制瓷的技艺和文化竭尽地发挥、更加地成熟。

富不过三代这句民俗精言，在明代历史发展中得到了应验。明代开国前三朝鼎盛强大，到了明正统、景泰、天顺三朝，因外敌骚扰边寨，战火不断，又因国家内部争夺皇位，导致国力大减，饥荒不断，制瓷业也进入了低潮，即制瓷历史上所称的"空白期"，但稍对这段历史研究，不难看出，宣德传位给正统时还延续了宣德时期的国力，景德镇地区，官窑民窑仍在大量地烧造瓷器，据《明宝录，英宗宝录》记载，浮梁民陆子顺一次向北京皇宫进贡瓷器五万件，据《明史》记载正统三年十二月朝廷颁布了禁烧青白瓷的诏令，到正统十二年才又颁布了禁止江西饶州府私造黄、紫、红、绿、青、蓝、白地青花瓷，这里要重申的是"禁止私造"而官窑供宫廷用瓷从未间断烧造。《明宝录，英宗宝录》明确记载，正统六年、九年，江西饶州府烧造瓷器。通过以上叙述论证，在正统前三年有大量的各种官、民窑瓷器制造，正统三年十二月起只禁烧青白瓷器，其他品种瓷器并未禁烧，正统十二年禁止私造各色瓷器，官窑宫廷用瓷从未禁烧。正统十四年正统皇帝受王振唆使，率五十万大军御驾亲征，在土木堡遭敌埋伏，全军覆没，正统皇帝被俘，朝政出现了暂时的真空。国不可一日无君，此时宫中的孙太后出面稳定了朝政，并扶正统皇帝的弟弟朱祁玉继任王位，改年号正统为景泰，景泰年间江西遭遇了饥荒，灾情严重，重灾使得制瓷业被迫停烧或减烧。景泰年间由于皇帝的偏爱，铜胎上珐琅盛行，被誉为"景泰蓝"，因受铜胎上珐琅的影响，瓷胎绘珐琅由此应运而生，并受到官府和百姓的欢迎。

由于孙太后的钟爱，用重金和财宝将朱祁镇换回，被景泰皇帝软禁在偏宫中。景泰七年，在旧朝老臣的帮助下，在孙太后的默许支持下，发生了"夺门三变"，朱祁镇从新夺回了皇位，改年号为"天顺"。"天顺"年间社会逐渐安定，经济得到了恢复，景德镇的制瓷业同样也在恢复，经过数年的发展，景德镇的制瓷又一次兴旺起来。

　　天顺年短暂，只是数年的历史就进入成化年代，成化年间景德镇地区的制瓷业进入了一个新的高潮期，制瓷工匠的热情又被激发了起来。成化制瓷的风格一改宣德朝的豪放风格，以俊俏秀美著称，形成了成化瓷器的独特风格。成化瓷器以成化斗彩最为著名，成化的青花瓷器，因改用了江西乐平的"陂塘青"，画面清新淡雅，别具风格。本书中收录了明代从洪武至万历期间各朝精美瓷器数十件，均代表了明代瓷器的最高水平，特别是对正统、景泰、天顺三朝官窑瓷器的收录，充分说明了所谓的"空白期"绝不空白。

　　洪武时期的釉里红最有名气，有瓷王之称，书中收录明初洪武时期釉里红葵口大盘，器型较大，修胎工整，胎质实密，特别是 发色红艳纯正，氧化铜入彩的调配比例严谨，绘画时色料厚薄均匀，烧造时窑炉的还原气氛极好，温度控制严格，几好合一，才能创造出如此精美之器。

　　永乐"内府款"甜白釉青花带盖梅瓶，是一件很具有永乐特征的器物。甜白釉瓷是明代永乐朝在元代卵白釉的基础上创烧而成。用料讲究，胎质细腻洁白，施以不含铁或含铁极低的透明釉，烧成后洁雅甜静，此件梅瓶通体施甜白釉，洁白甜美，用青花纹式的瓶盖点缀，真乃万般白中一点翠，太美了。

　　永乐宣德时期的青花瓷器，在元青花成熟的基础上使其更进一步地发展升华，成就了中国青花瓷的最高品质，是中国古陶瓷史中的珍品。书中收录的宣德青花"大得吉祥场"出戟盖罐，苏麻璃青钴料发色浓艳、沉稳、纯正，形体端庄，做工精细。此罐为宣德时期创烧的器物，是宣德青花瓷的典型代表，是皇宫和佛教佛主的重要祭祀供器，罐面所书梵文，分别代表佛种子名和女神种子名，盖内和罐内底对应书写"大德吉祥场"字样，可释为德高望重的长老或佛主在重大的祭神场地授予他人"吉祥称号"，拥有或接触过此罐者都可得到佛光普照，吉祥如意。

　　明代空白期的官窑瓷器在本书中也有收录。书中收录的"景泰年制"双耳广口梅瓶，器形公整大方，用料讲究，制作精良，珐琅彩绘沉稳，彩面油润。为典型的瓷胎绘珐琅器，充分说明了景泰时期官窑器的生产存在，同时也将珐琅彩瓷由清代早期创烧上升到了明代创烧成功。

　　书中收录的天顺青花双龙耳凤纹广口瓶，此瓶形体优美，制作精湛，施釉肥厚滋润，青花所用钴料已是国产江西的"陂塘青"，青花发色纯正，画工精细洒脱，小笔勾绘很具有宣德时期的画风、画法。凤纹飘逸张扬，如此画意张扬的凤凰纹式，只有清代光绪慈禧时期的器物上和该瓶凤凰纹式。天顺皇帝朱祁镇"夺门之变"后重撑皇权，为感激孙太后对她的支持，专为孙太后制作了凤凰纹式这样如此张扬的官窑瓷瓶，为孙太后歌功颂德，此瓶是天顺时期的官窑器，又是特定历史时期的见证之物。

　　成化瓷器中当数斗彩瓷器最为出名，据记载万历年间一对成化斗彩杯，就值白银一百两。书中收录的成化斗彩描金龙纹瓶在成化斗彩中显得更为出色，此瓶俊秀端庄，制作精良，釉色莹润，宝光内敛，画工细腻，色彩丰富，油红色重浓艳，杏黄色亮闪微红，绿彩中微泛黄色，和釉下青花交相呼应，斗趣妙生，将成化斗彩的特征淋漓尽致地展现了出来。

清代瓷器收藏与鉴赏

　　历史的前进，结束了明末清初的农民起义，清军入关，清朝建立。康熙、雍正、乾隆三朝，太平盛世的到来也给中国的制瓷业注入了新的活力，使其更加繁荣，加之这三朝皇帝都喜爱瓷器，使得中国瓷器得到了前所未有的发展。康熙早期还处在内忧外患的局面。江西景德镇地区因吴三桂造反，使南方瓷业生产遭受到了很大的影响，康熙十九年平定了吴三桂造反，结束了这段持续八年，席卷整个南方地区的残酷内战。康熙十九年后御窑生产逐渐恢复正常。康熙皇帝文韬武略，酷爱文化艺术，喜爱精美的瓷器，非常重视制瓷业的生产。从康熙开始朝廷派官员督窑烧造瓷器，也开创了中国制瓷历史以来，以姓为窑的先例，如康熙二十年派官员臧应选督窑制造瓷器，被称为"臧窑"，在臧应选的督办下生产出了康熙年代的珐琅彩瓷器，并造就了一批以郎世宁、王原祁、冷梅、唐岱等为代表的宫廷顶级的珐琅彩画大师，至今还无人超越。康熙时期的官员郎廷极被朝廷派往景德镇制烧陶器，创烧出了"郎窑红、郎不流"著名的品种，被后人珍爱珍藏，至今无人能仿造。雍正时期派官员唐英住景德镇督窑烧造瓷器，被称为"唐窑"，唐英督窑烧造瓷器跨越两朝，长达30年之久，因他的精益求精，不断地创新，使得雍正和乾隆时期的中国瓷器达到了前无古人，后无来者的鼎盛和精美。清代康、雍、乾三朝时期，因太平盛世的到来，朝廷的高度重视，派往督窑官员的精益求精，广大制瓷工匠的创造发挥，使得景德镇乃至中国的制瓷业达到了一个前所未有的兴旺和高度。

  书中的清代瓷器收录，重视对康、雍、乾三朝鼎盛时期瓷器的收录，件件精美绝伦，完全可以代表我们民间收藏家对清代三朝瓷器的认识和鉴赏水平。在这三朝瓷器中当以雍正时期的珐琅瓷器更为耀眼精彩，书中收录的一对雍正胭脂红珐琅彩雪景纹天球瓶可称为雍正时期的代表之作。此瓶造型工整端庄、大方，色彩运用对比大胆，胭脂红色彩鲜艳夺目，在莹润釉面的包容下似火样的耀眼，反衬出球部雪景的宁静和张弛，从主题的造型、用彩、画工画意，以及反衬法的运用上看，足见当年制作大师的匠心独到，可以认为此物乃天地融贯其身、鬼使神工之物，实属雍正珐琅彩的绝佳代表之作。

  书中收录的精美瓷器。从西汉到清代跨越2000多年，贯穿各个历史年代，是历史发展的见证，更是中国各代制瓷工匠智慧的结晶，体现了各个历史时期中国各阶层人民对艺术的追求和审美情趣，是他们将中国瓷器不断地完美升华，传承至今。历史发展到今日又逢盛世，我们祖先将中华文明文化传承的历史重任交给了当今的华夏子孙，面对祖先留下的浩瀚的艺术宝藏，我们民间收藏家义无反顾地站在了传承中华历史文明的最前面。通过本书中精美藏品的介绍，充分展现了当今民间收藏家对祖国历史文明文化的崇敬和忠诚，对古代艺术品珍爱珍藏的魄力。他们上承祖先，下对后代，将祖先赋予的使命承担了起来。

图书在版编目（CIP）数据

古陶瓷精品／余绍尹等主编.－上海：上海社会科学院出版社，2012
（民间收藏精品丛书／许明主编）
ISBN 978-7-5520-0091-7

Ⅰ.①古… Ⅱ.①余… Ⅲ.①古代陶瓷–收藏–中国–图集 Ⅳ.①G894-64

中国版本图书馆CIP数据核字（2012）第136967号

·民间收藏精品丛书·

古陶瓷精品

丛书主编：许　明
本卷主编：余绍尹等
责任编辑：杨　国
设计制作：闵　敏
出版发行：上海社会科学院出版社
　　　　　上海淮海中路622弄7号　电话 63875741　邮编 200020
　　　　　http://www.sassp.org.cn　E-mail:sassp@sass.org.cn
经　　销：新华书店
印　　刷：上海华教印务有限公司
开　　本：889×1194 毫米　1/16开
印　　张：11.25
字　　数：100千字
版　　次：2012年7月第1版　2012年12月第2次印刷

ISBN 978-7-5520-0091-7/G·225　定价：68.00元

版权所有　翻印必究